복 있는 사람

오직 여호와의 율법을 즐거워하여 그 율법을 주야로 묵상하는 자로다.
저는 시냇가에 심은 나무가 시절을 좇아 과실을 맺으며 그 잎사귀가 마르지 아니함 같으니
그 행사가 다 형통하리로다. (시편 1:2-3)

세상에 생명을 주는 예배

Alexander Schmemann

For the Life of the World

세상에 생명을 주는 예배

알렉산더 슈메만 지음 | 이종태 옮김

복 있는 사람

세상에 생명을 주는 예배

2008년 3월 20일 초판 1쇄 발행
2020년 10월 20일 초판 5쇄 발행

지은이 알렉산더 슈메만
옮긴이 이종태
펴낸이 박종현

도서출판 복 있는 사람
서울특별시 마포구 연남동 246-21 (성미산로 23길 26-6)
Tel 723-7183 (편집), 723-7734 (영업·마케팅) | Fax 723-7184
hismessage@naver.com
등록 1998년 1월 19일 제1-2280호
ISBN 978-89-90353-80-1

For the Life of the World
by Alexander Schmemann

Copyright ⓒ 1963, 1970, 1971, 1973, 2002 by Alexander Schmemann
First published in 1963 by St Vladimir's Seminary Press,
and reprinted in 1970, 1971, 1973, and 2002
All rights reserved.
Translated and used by the permission of St Vladimir's Seminary Press
through the arrangement of KCBS Literary Agency, Seoul, Korea.
Korean Copyright ⓒ 2008 by The Blessed People Publishing Co., Seoul, Korea.

이 책의 한국어판 저작권은 KCBS Literary Agency를 통해 St Vladimir's Seminary Press와 독점 계약한 도서출판 복 있는 사람이 소유합니다. 저작권법에 의하여 한국 내에서 보호를 받는 저작물이므로 무단전재와 복제를 금합니다.

차례

서문   9
1장_ 세상의 생명   13
2장_ 성만찬   31
3장_ 선교의 시간   69
4장_ 물과 성령으로   97
5장_ 사랑의 신비   117
6장_ 죽음으로 죽음을 짓밟으셨도다   139
7장_ 너희는 이 모든 일의 증인이라   157

부록1_ 세속시대의 예배   169
부록2_ 성례와 상징   193
주   215
옮긴이의 글   219

일러두기

본서는 'liturgy'를 '예전'이라고 옮겼으나, 한국 정교회, 가톨릭, 성공회 등에서는 '전례'라는 말을 사용하고 있다. 예배·성례 관련 용어들은 번역의 경우 주로 「예배학 사전」(정장복 외)의 예를 따랐음을 밝힌다.

서문

이 책은 10년 전인 1963년 12월 오하이오 주(州) 애딘즈에서 열린 '전국 기독 학생 연맹 컨퍼런스'(the Quadrennial Conference of the National Student Christian Federation)에서 스터디 가이드로 사용하기 위해 쓴 책이다. 나는 정교회 예전 전통에 대한 조직신학서를 쓰려 했던 것이 아니며, 분명 이 책은 그런 책이 아니다. 이 책의 유일한 저술 목적은 기독교 선교에 대한 토의를 준비하는 학생들에게 기독교적 "세계관"에 대해, 즉 정교회의 예전 체험에 기초한, 세상과 그 안에서의 인간 삶에 대한 접근법에 대해 개괄적 소개를 하려는 것이었다.

그러나 뜻하지 않게 이 책은 그 학생 서클을 넘어 훨씬 많은 독자들을 갖게 되었다. 1965년에는 헤르더 앤 헤르더(Herder and Herder) 출판사에 의해 「성례와 정교회」(*Sacraments and Orthodox*)라는 제목으로 재발간되었고, 그 다음에는 영국에서 「성례로서의 세상」(*World As Sacrament*)이라는 제목으로 재발간되었으며, 그 후 프랑스어, 이탈리아어, 그리스어로 번역되었고, 최근에는 소연방(Soviet Union)의 한 지하 비밀 출판사(*samizdat*)에 의해 러시아어 번역본이 "출판"되기도 했다. 내가 확신하기로, 이 모두는 이 책 내용의 우수성이 아니라—누구보다도 나는 이 책이 가진 많은 결점들을 알고 있다 이 책이 다루는 문제 자체의 중요성을 증명해 준다. 10년 전에도 분명했던 이 문제의 긴급성은 오늘날에 와서는 더욱 분명해졌다. 이것은 이 책이 새롭게 간행되는 유일한 이유다.

그 문제란 다름 아니라 세속주의—애초 우리 문화를 형성했던 그 기독교적 경험과 "세계관"으로부터 지금 우리 문화가 점차 빠르게 멀어져 가는 것—와, 세속주의가 그리스도인들 사이에 가져온 그 깊은 양극화를 말한다. 세속주의를 역사상 기독교가 낳은 최고의 열매로 환영하는 이들이 있는 반면에, 세상에 대한 마니교적(Manichean) 거부 또는 비성육신적(disincarnate)·이원론적 "영성"으로의 도피에 대한 정당화로 삼는 이들도 있다. 이렇게 한편으로는, 교회를 세상과 세상의 문제들로 축소시키는 이들이 있고, 또 한편에는 세상을 그저 악과 동일시하고 병적으로 그들의 묵시적 파멸을 기뻐하는 이들이 있다.

이 두 가지 태도는 모두, 내가 확신하기로, 진정한 정교회 전통의 그 온전성, 공변성(catholicity)을 왜곡하는 것들이다. 진정한 정교회 전통은 언제나, 하나님이 독생자를 주심으로 생명을 주신 이 세상의 선함(goodness)과 이 세상의 현재의 악함(wickedness)을 모두 긍정해 왔으며, 또한 "십자가를 통해 기쁨이 이 세상에 들어왔도다"고 선포해 왔고, 또 지금도 매주일 선포하고 있으며, 그리스도를 믿는 이들에게 "너희는 죽었고 너희 생명이 그리스도와 함께 하나님 안에 감추었음이라"(골 3:3)고 말하고 있다.

따라서 우리의 진짜 질문은 이것이다. 어떻게 우리는 이렇게 겉보기에 모순된 교회의 두 긍정들을, 신앙과 삶과 행위 안에서 "하나로 결합시킬" 수 있을까? 어떻게 하면 우리는 그 둘 중 하나만을 골라내어 그것을 "절대화"하려는 유혹을 이겨 낼 수 있을까? 과거 기독교를 그토록 괴롭혀 왔던 모든 "이단들"은 다 그런 잘못된 선택과 절대화로 인한 것들이었다.

나의 확신은, 여기에 대한 답은 어떤 정연한 지적 이론에서가 아니라, 교회가 예배, 곧 교회를 참으로 교회되게 하는 '레이투르기아'(leitourgia)를 통해 우리에게 계시해 주고 전달해 주는 그 살아 있고 중단 없는 경험으로부터 나온다고 확신한다. 세상의 성례, 하나님 나라의 성례가 그리스도 안에서 우리에게 주는 그 선물로부터 말이다. 본 에세이에서 나는 바로 그러한 경험을 확증하고자—설명하거나 분석하려는 것이 아니라—하는 것이다.

만약 오늘 내가 다시 이 책을 쓴다면, 아마 달리 쓸 것이다. 그러나 나는 일단 한번 쓴 책을 다시 쓸 수 있다고 생각하지 않으며, 또 실제로 그럴 수도 없다. 비록 완전하지는 않지만, 이 책은 내가 온 마음을 다 기울여 썼던 책이기 때문이다. 따라서 이번 판에서는 최소한의 교정과 수정만 했을 뿐이다. 또한 조금 다른 "양식"의 글이지만, 이 책의 함의들을 더 잘 이해하는 데 도움이 될 수 있다고 생각되는 두 에세이를 부록의 형태로 덧붙였다.

끝으로, 이 새로운 판이 준 기회를 이용해 몇몇 분들에게 깊은 감사를 표하고자 한다. 이 책에 대해 이분들이 해준 반응들이 내게는 크나큰 기쁨의 원천이었다. 내게 쓴 편지에서 말했듯이, "그래야만 한다고 느꼈기"에 자진해서 이 책의 훌륭한 그리스어 번역판을 출판해 준, 아테네의 지시모스 로렌자토 씨에게 감사드린다. 또 러시아의 이름 모를 친구들에게도 감사드리는데, 그들이 소박한 타자 작업을 통해 내 에세이를 책으로 펴냈다는 소식을 들었던 일은 내 인생에 있어 가장 감동적인 경험 중 하나였다. 또한 내게 편지를 썼던 모든 이들에게도 감사드리는데, 그들의 메시지는 내게 우리가 "믿음과 사랑 안에서" 모두 하나라는 것을 기쁘게 확인시켜 주었다. 마지막으로, 이 새로운 판을 준비하는 일에 수고를 아끼지 않은 나의 친구들, 데이빗 드릴락과 안토니 플럿에게도 누구 못지않은 큰 감사를 표한다.

1973년 1월

알렉산더 슈메만

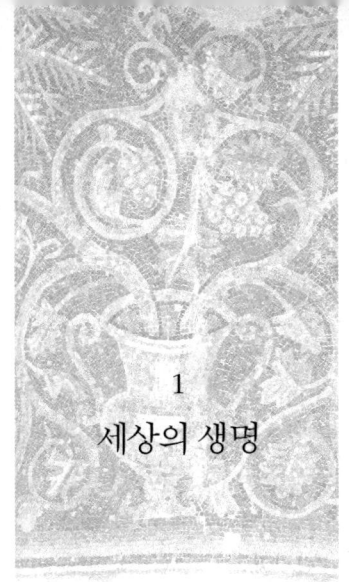

1
세상의 생명

생명의 본질

"인간은 그가 먹는 그것이다"(Man is what he eats). 이는 유물론 철학자 포이어바흐(Ludwig Andreas von Feuerbach)가 인간 본성에 대한 모든 "관념주의적" 사변들에 반대하며 천명한 말이었다. 그러나 사실 그는 의식하지 못하는 가운데 인간에 대한 대단히 종교적인 관념 하나를 표현한 것이었다. 그가 그런 말을 하기 훨씬 이전에, 인간에 대한 그와 동일한 정의가 성경에 이미 나와 있었기 때문이다. 성경의 창조 이야기를 보면, 인간은 무엇보다도 먹어야 하는 존재로, 세계 전체는 그의 먹을거리로 제시되어 있다. 또한, 창세기 저자는 첫 장에서, 하나님은 인간들에게 생육하고 번성하며 땅을 지배하라고 하시면서, 그들에게 땅에서

나는 것들을 먹으라고 지시하고 계신다. "내가 온 지면의 씨 맺는 모든 채소와 씨 가진 열매 맺는 모든 나무를 너희에게 주노니 너희의 먹을거리가 되리라"(창 1:28-29). 인간은 살기 위해서 먹어야 하는 존재다. 즉, 인간은 세상을 자신의 몸 속에 받아들여 그것을 자기 자신으로, 자신의 살과 피로 변모시켜야 하는 존재다. 인간은 정말로 그가 먹는 그것이다. 그리고 온 세상은 인간을 위해 차려진 하나의 거대한 잔칫상이다. 이러한 향연 이미지는 성경 전체에 걸쳐 생명을 나타내는 중심 이미지로 사용되고 있다. 생명의 창조를 말할 때뿐만 아니라 생명의 종말과 완성을 말할 때에도 같은 이미지가 사용되고 있다. "내 나라에 있어 내 상에서 먹고 마시며……"(눅 22:30).

내가 일견 부차적인 문제로 보이는—우리 시대의 소위 중대한 "종교적 문제들"의 관점에서 보자면—먹는 문제로 글을 시작하는 것은, 이 책의 목적이 바로 다음과 같은 질문에 답해 보려는 것이기 때문이다. 그리스도인으로서 우리가 그리스도께서 세상에 생명을 주려고 죽으셨다고 고백할 때, 그 생명이란 대체 무엇을 말하는 것인가? 우리가 전파하고 선포하고 전하는 그 생명은 대체 무엇을 말하는 것인가? 기독교 선교의 동기이자 출발점이요 목적지인 이 **생명**은 대체 무엇인가?

이에 대한 일반적 대답들은 크게 두 가지 패턴으로 갈린다. 먼저, 종교에서 말하는 삶이란 다름 아니라 **종교적인 삶**을 말하는 것이라고 생각하는 이들이 있다. 이 종교적인 삶은 이미 그 자체가 또 하나의 세상으로서, 세속적인 세상, 세속적인 삶과는 별도로 존재하는 무엇이다. 이 삶은 소위 "영성"의 세계로서, 요즈음 날이 갈수록 점점 더 인기를 얻어

가는 듯하다. 심지어 공항 서점들에도 온갖 신비주의 관련 책들이 즐비하다. 그중에는 「신비주의의 첫걸음」이라는 제목의 책도 있다. "삶"의 소란스러움과 분망함과 좌절 속에서 길을 잃고 방황하는 우리 인간들은, 자기 영혼의 내적 성소 안으로 들어가, 거기서 또 다른 삶을 발견하고, 풍성한 영적 양식이 차려진 "영적 향연"을 즐기라는 초대에 흔쾌히 응한다. 이 영적 양식은 그의 삶에 **도움**을 준다. 다시 말해, 그로 하여금 마음의 평화를 회복하고, 속세의 삶을 견뎌 내며, 고난을 받아들이고, 보다 건강하고 헌신된 삶을 살며, 깊은 종교심을 통해 "미소를 잃지 않고" 살 수 있도록 도와준다. 이런 의미에서 보자면, **선교**란 사람들을 이러한 "영적인" 삶 속으로 회심시키는 것이며 "종교적인" 사람들로 만드는 것이다.

이러한 기본적 패턴 내에는, 대중적 부흥운동에서부터 비교(秘敎)의 교의에 대한 정교한 관심에 이르기까지, 참으로 다양한 강조들, 심지어 신학들이 존재한다. 그러나 결과는 모두 같다. 여기서 "종교적인" 삶은 세속적 삶—먹고 마시는 삶—을 무의미한 것으로 여길 뿐이다. 경건과 인내를 실천해야 하는 자리라는 점만 제외하면 세속적 삶은 참의미를 전혀 갖고 있지 못하다. 그리고 "종교적 향연"이 보다 영적이 될수록, 고속도로 주변의 '먹고 마시라'는 네온사인들은 보다 더 세속적이고 물질적이 된다.

다른 한편으로, "세상에 생명을 준다"는 말을 으레 "세상의 생명을 개선시킨다"는 말로 이해하는 이들이 있다. 앞서 말한 "영성주의자들"과 반대쪽에 서 있는 행동주의자들이다. 물론 오늘 우리는 과거 "사회 복음"(Social Gospel)의 단순한 낙관주의나 도취와는 거리가 멀다. 실존적 불안을 이야기하는 실존주의 철학, 역사에 대한 비관적이고 현실주의적 관점을 말하는 신정통주의(neo-Orthodoxy) 신학이 그동안 널리 퍼졌고 합당한 관심을 받아 왔다. 그러나 기독교를 무엇보다 **행동**으로 보는 근본 신념은 달라지지 않았고, 실은 새로운 힘을 얻었다. 이런 관점은 기독교기 세상을 잃어버렸다고 본다. 당연히 기독교는 세상을 되찾아야 한다. 따라서 기독교 선교란 곧 빗나간 삶을 회복시키는 것이다. 여기서는 "먹고 마시는" 인간이 대단히, 가히 지나치리만큼 중시된다. 그런 인간이 모든 기독교적 행동의 사실상의 유일한 대상이 되고, 우리는 그동안 우리가 관상(contemplation)이나 찬미, 침묵이나 예전(禮典, liturgy) 등에 너무 많은 시간을 소비한 나머지 사회적·정치적·경제적·인종차별적 문제 같은 진짜 삶의 문제들을 충분히 다루지 않은 것에 대해 회개해야 한다는 소리를 귀 따갑게 듣는다. 신비주의와 영성에 대한 책 대신, "종교와 **삶**"(혹은 **사회, 도시, 섹스** 등)에 대한 책이 출판된다. 그러나 우리가 처음 제기한 근본적 질문은 여기서도 마찬가지로 그대로 남아 있다. 즉, 우리가 그리스도를 위해 되찾아야 하고, 또 기독교적으로 만들어야 한다는 그 삶이란 대체 무엇을 말하는 것인가? 다시 말해, 이런 모든 행동과 행위들의 궁극적인 목적은 무엇인가?

우리가 이러한 실제적 목표들 중 어느 하나에 도달했다고, 곧 세상을 "되찾았다"고 가정해 보자. 그래서 뭐 어쨌다는 말인가? 순진한 질문처럼 들릴 수도 있겠지만, 만일 우리가 우리 행동의 의미를 모르고서, 우리 행동의 목적인 삶의 의미를 모르고서 행동한 것이라면, 그 행동은 참된 의미가 있는 행동이 못된다. 사람이 먹고 마시고, 자유와 정의를 위해 싸우는 것은 다 살기 위해서, **충만한 삶을** 누리기 위해서다. 그러나 그 삶이란 대체 무엇인가? 삶의 정수(the life of life)는 대체 무엇인가? 영원한 삶의 내용은 대체 무엇인가? 궁극적으로 따져가다 보면, 우리의 행동은 결국 그 자체만으로는 아무 의미가 없다는 사실과 맞닥뜨리지 않을 수 없다. 모든 위원회가 다 자신의 임무를 완수하고, 모든 사무를 다 처리하고, 모든 실제적 목표들을 다 성취한다면, 당연히 우리에게는 완벽한 기쁨이 찾아와야 한다. 그러나 대체 무엇에 대한 기쁨인가? 이에 대한 답을 모르고 있다면, 우리가 앞서 영성주의적 패턴에서 본 종교와 삶의 이분법은 여기서도 그대로 지속된다. 우리가 우리의 삶을 "영성화"하든 혹은 우리의 종교를 "세속화"하든, 사람들을 영적인 향연으로 초대하든 혹은 그들의 세속적인 향연에 우리가 참여하든, 세상의 참 생명, 하나님이 자신의 독생자를 주심으로써 세상에 주셨다는 그 생명의 본질은 여전히 우리 종교가 포착하지 못하는 곳에 있다.

인간의 본질

"인간은 그가 먹는 그것이다." 그렇다면, 인간은 대체 무엇을, 또 왜 먹는가? 이런 질문은 포이어바흐에게는, 아니 그와 맞서는 종교적인 사람들에게는 더더욱 부적절한 질문일 뿐이다. 왜냐하면 포이어바흐나 그들에게는, 먹는다는 것은 물질적인 작용일 뿐이기 때문이다. 그들에게 유일하게 중요한 질문은, 그런 것 외에 인간의 삶에 그 이상의 영적 "상부 구조"가 있는지의 여부였다. 이 질문에 종교는 '그렇다'고 대답한 것이고, 포이어바흐는 '아니다'라고 대답한 것이다. 그러나 이 두 대답들은 모두, 영적인 것과 물질적인 것을 근본적으로 서로 대립되는 것으로 보는 시각에서 나온 것이다. "영적인 것"과 "물질적인 것", "성스러운 것"과 "속된 것", "초자연적인 것"과 "자연적인 것"—이런 식의 구별이, 수세기 동안 종교 사상과 경험에 대해 논할 때 사용되던 유일한 이해의 틀이요 범주였다. 이렇게 볼 때, 포이어바흐의 유물론은 실은 기독교적 "관념론"과 "심령주의"(spiritualism)의 자연적 계승자였다고 볼 수 있다.

 우리가 앞서 살펴본 대로, 성경 역시 인간을 먹어야 하는 존재로, 자신이 먹는 그것이 곧 자신의 본질인 존재로 여긴다. 그러나 성경의 관점은 위의 둘과는 전적으로 다르다. 왜냐하면 성경은 그 어디에서도, 종교를 논하는 우리에게는 자명한 틀인 이분법을 전혀 보여주지 않기 때문이다. 성경의 관점에서 인간이 먹는 음식, 인간이 취하여 살고 있는 이 세상은 하나님이 그에게 주신 선물이며, **하나님과의 교통**(communion)으로서 그에게 주어진 것이다. 인간의 음식으로서의 이 세상은 "물질적인" 것, 즉 하나님과 관계 맺는 "영적" 작용들과는 구분되고 대조되는—인간의 물질적 작용만을 위한—것이 아니다. 존재하는 모든 것은 다 하나님이 인간에게 주신 선물이며, 그 모두는 인간에게 하나님을 알리기 위해, 그래서 인간의 삶을 하나님과의 교통이 되도록 하기 위해 존재한다. 이 세상은 우리를 위한 음식, 우리를 위한 생명으로서 나타나는 하나님의 사랑이다. 하나님은 자신이 창조하는 모든 것에 **강복**하시는데(bless), 성경에서 이 표현은 그분께서 모든 창조물을 자신의 현존과 지혜와 사랑과 계시의 표징과 수단으로 삼으신다는 의미다. "너희는 여호와의 선하심을 맛보아 알지어다"(시 34:8).

인간은 먹어야 사는 존재다. 그런데 인간이 먹어야 할 음식은 다름 아닌 하나님이다. 우리 삶의 모든 배고픔은 결국 하나님을 향한 배고픔이다. 우리의 모든 갈망은 궁극적으로는 하나님을 향한 갈망이다. 분명 인간이 배고픔을 가진 유일한 존재는 아니다. 존재하는 모든 것은 다 "먹고" 산다. 창조세계 전체가 다 무언가를 먹고 산다. 그러나 우주 안에서 인간만이 가진 독특한 점은 오직 인간만이 하나님에게서 받는 음식과 생명에 대해 하나님을 **송축**하는(bless) 존재라는 점이다(영어 동사 'bless'는 주어가 하나님일 경우는 '강복[降福]하다'로, 사람일 경우는 '축복[祝福]하다'로 옮기되, 하나님이 목적어일 경우는 '송축하다'로 옮겼다—옮긴이). 오직 인간만이 하나님이 주신 복에 대해 찬양으로 응답하는 존재다. 에덴동산에서의 인간의 삶이 보여준 의미심장한 점은, 인간이 사물들의 **이름을 지어 불렀다**는 사실이다. 하나님은 아담의 동무가 될 동물들을 창조하시자마자, 아담이 그들의 이름을 어떻게 짓는지 보시려고 그들을 데려 오셨다. "아담이 각 생물을 부르는 것이 곧 그 이름이 되었더라"(창 2:19). 성경에서 이름은 단순히 어떤 것을 다른 것과 구별해 주는 수단 훨씬 이상의 것이다. 이름이란 어떤 존재의 본질, 다시 말해 하나님의 선물로서의 그 본질을 계시해 주는 무엇이다. 따라서 어떤 것에게 이름을 붙여 준다는 것은 하나님이 그것에게 주신 의미와 가치를 나타내 주는 것, 그것이 하나님에게서 왔다는 것을 알 뿐 아니라 하나님이 창조하신 우주 안에서 그것이 갖는 위치와 기능을 안다는 의미다.

다시 말해, 어떤 것의 이름을 지어 부르는 것은, 그것에 대해 또 그것을 가지고 하나님을 찬양하는 것이다. 성경에서 하나님을 찬양한다는 것은 "종교적" 혹은 "제의적" 행위가 아니라, 바로 **생활 방식**(way of life) 그 자체다. 하나님은 세상에 강복하셨고, 인간에게 강복하셨으며, 일곱 번째 날(즉, 시간)에 강복하셨는데, 이는 하나님께서 존재하는 모든 것을 자신의 사랑과 선으로 가득 채우셨다는 의미, 그 모든 것을 "심히 좋게" 만드셨다는 의미다. 따라서 하나님으로부터 이 복되고 성화된(sanctified) 세상을 받은 인간이 할 수 있는 유일한 **자연적인**('초자연적'이 아니라) 반응은, 하나님을 찬양하는 것, 곧 하나님이 보시는 것처럼 세상을 "보고", 감사와 찬미의 행위를 통해 세상을 알고, 이름 짓고, 가지는 것이다. 인간을 다른 피조물들과 구별해 주는 모든 이성적·영적 특성은, 이렇게 하나님을 송축할 수 있는 능력, 다시 말해 자신의 삶을 이루는 목마름과 배고픔의 의미를 알 수 있는 능력에 초점이 있고 궁극적 완성이 있다. 흔히 인간을 가리켜 '호모 사피엔스'(*homo sapiens*, 생각하는 존재), '호모 파베르'(*homo faber*, 도구를 사용하는 존재) 등으로 부른다. 그렇다. 그러나 무엇보다도 인간은 '호모 아도란스'(*homo adorans*), 즉 "찬미하는 존재"다. 인간에 대한 으뜸가는, 가장 기본적인 정의는 인간은 "제사장"이라는 것이다. 인간은 세상의 중심에 서서, 하나님을 찬양하는 자신의 행위—하나님으로부터 세상을 받아서, 다시 그것을 하나님에게 바치는 행위—안에서 세상을 하나로 통합시키는 존재다. 그리고 이러한 성만찬 행위로 세상을 가득 채움으로써 인간은 자신의 삶, 세상으로부터 받은 삶을, 하나님 안에서 사는 삶, 하나님과 교통하는 삶으로 변모시킨다. 세상은 "재료"(matter), 즉 만물을 포괄하는 한 거대한 성만찬을 위한 재료로 창조되었고, 인간은 이 우주적 성례(sacrament)의 제사장이 되라고 창조되었다.

인간은 이 모든 것을, 비록 이성적으로는 아니더라도 본능적으로는 이미 이해하고 있었다. 수세기에 걸친 세속화 과정도 인간의 먹는 행위를 아직 완전히 실용적인 그 무엇으로 변화시키지는 못했다. 지금도 사람들은 식사에 정중히 임한다. 식사는 여전히 하나의 의식(儀式)—가족애와 우정, "먹고 마시는" 것 이상의 삶을 경축하는 마지막 "자연적 성례"—으로 남아 있다. 지금도 우리에게 식사는 단순히 몸의 기능을 유지시켜 주는 행위를 훨씬 넘어서는 그 무엇이다. 사람들은 "그 무엇"이 무엇인지 이해하지는 못한다 할지라도, 그것을 경축하고자 하는 갈망을 가지고 있다. 여전히 그들에게는 성례적(sacramental) 삶을 향한 목마름과 배고픔이 있는 것이다.

인간의 타락

따라서 성경의 인간 타락 이야기에도 그 중심에 음식이 등장하는 것은 우연이 아니다. 인간은 금지된 과일을 먹었다. 그 금지된 과일은—물론 다른 의미들도 있겠으나—동산 안의 다른 과일들과 한 가지 점에서 달

랐다. 즉, 그것은 인간에게 선물로 주어진 과일이 아니었다. 그것은 하나님이 주시지 않은, 복 주시지 않은 과일이었고, 따라서 그것을 먹는 행위는 하나님과의 교통이 아니라, 그 자체와만 교통하는 일이 될 수밖에 없었다. 이는 인간이 세상을 그 자체로 사랑하는 것에 대한 이미지, 삶 자체가 삶의 목적이 되어 버린 것을 보여주는 이미지다.

사랑은 쉬운 일이 아니다. 인류는 하나님의 사랑에 사랑으로 응답하지 않기로 선택했다. 인간은 세상을 사랑하되, 그것이 하나님을 투명하게 비춰 주는 것으로가 아니라, 그 자체가 목적인 것으로 사랑해 왔다. 어찌나 일관되게 그렇게 해왔던지, 이제는 그것은 "공중에"(in the air, 엡 2:2 참조) 만연한 태도가 되어 버렸다. 그래서 이제는 인간이 세상을, 하나님의 현존으로 충만한 것이 아닌 불투명한 것으로 경험하는 것이 오히려 자연스럽게 보이게 되었다. 세상을 선물로 주신 하나님께 감사드리는 삶을 살지 않는 것이 자연스러운 것이 되었다. 성만찬적인 삶을 살지 않는 것이 자연스러운 것이 되었다.

지금 이 세상은 타락한(fallen) 세상이다. 하나님을 만유 안에 만유이신 분으로 인식하던 경지에서 이 세상은 밑으로 한참 추락해(fallen) 버렸기 때문이다. 하나님에 대한 이러한 경시(輕視)가 쌓이고 쌓인 것이 바로 이 세상을 망쳐 놓고 있는 원죄다. 그리고 타락한 세상에 속한 종교는 이 세상을 치유하거나 구속해 줄 수 없다. 왜냐하면 그런 종교는 하나님을 "속된" 세상과 반대되는, 소위 "성스러운"("영적인", "초자연적인") 영역 속으로 축소시켜 버리는 태도를 받아들였기 때문이다. 하나님에게서 세상을 도둑질해 가려는 거대한 세속주의를 받아들였기 때문이다.

인간은 세상에 대한 자신의 자연적 의존성을 모든 생명의 원천이신 하나님과 끊임없이 교통하는 삶으로 변모시켜야 했다. 인간은 세상을 하나님께 올려드리며, 이러한 봉헌 안에서 생명을 선물로 받는 성만찬의 제사장이 되어야 했다. 그러나 타락한 세상 속에서 현재 인간은 그렇게 할 수 있는 제사장적 능력을 갖고 있지 못하다. 세상에 대한 그의 의존성은 하나의 닫힌 원이 되어 버렸고, 그의 사랑은 참된 방향에서 빗나가 있다. 인간은 여전히 사랑하지만, 여전히 배고프다. 그는 자신이 자신 너머에 있는 무언가에 의존하는 존재임을 안다. 그러나 그의 사랑과 의존은 세상 그 자체만을 향할 뿐이다. 그는 숨 쉬는 일도 하나님과의 교통이 될 수 있다는 것을 모르고 있다. 그는 먹는 일이 물리적 의미 이상으로 하나님에게서 생명을 받는 일이 될 수 있다는 것을 깨닫지 못한다. 그는 세상의 공기나 음식 등은 그 자체로는 생명을 가져다주지 못하며, 오직 하나님을 위해 하나님 안에서 받아들여질 때, 곧 하나님이 주시는 생명의 선물들을 담고 있는 것으로 받아들여질 때에야 비로소 생명을 가져다줄 수 있다는 사실을 망각하고 있다. 그런 것들은 그 자체로는 다만 생명의 외양만을 만들어 낼 수 있을 뿐이다.

세상 자체를 목적으로 보면, 모든 것이 그 자체가 가치가 되고, 그래서 결국 모든 가치를 잃고 만다. 왜냐하면 모든 것의 의미(가치)는 오직 하나님 안에서만 발견될 수 있으며, 세상은 오직 하나님의 현존의 "성례"일 때 비로소 그 의미가 충만하게 되기 때문이다. 어떤 것을 다만 그 자체로 대하면 결국 그것은 스스로 파괴되고 만다. 왜냐하면 모든 것이 오직 하나님 안에서만 생명을 가질 수 있기 때문이다. 생명의 원천으로부터 끊어져 있을 때, 자연 세계는 다만 죽어가는 세계일 뿐이다. 음식 자체를 생명의 원천이라고 생각하는 사람에게 먹는 행위는 죽어가는 세상과의 교통일 뿐이며, 결국 죽음과의 교통이다. 음식 그 자체는 이미 죽은 것이다. 그것은 이미 죽어 버린 생명이며, 시체처럼 냉장고에 보관될 수밖에 없는 것이다.

왜냐하면 "죄의 삯은 죽음"이기 때문이다(롬 6:23). 인간이 선택한 삶은 단지 삶의 외양일 뿐이다. 하나님이 아담 이야기를 통해 인간에게 보여주시는 바가 이것이다. 인간이 빵을 먹기로 선택한 방식, 결국 그 방식이 인간을 그 자신과 그 빵의 원재료인 흙으로 되돌아가게 만들 뿐이라는 것이다. "너는 흙이니 흙으로 돌아갈 것이니라"(창 3:19). 인간은 성만찬적인 삶을 잃었다. 인간은 생명의 생명, 인간의 삶을 신적인 삶으로 변모시켜 주는 능력을 잃었다. 인간은 세상의 제사장이기를 그쳤고, 이제 세상의 종이 되었다.

에덴동산 이야기를 보면 이 일은 그날 중 서늘한 시간에, 곧 밤에 일어났다. 삶이 곧 성만찬—감사 가운데 세상을 하나님께 봉헌하는—이어야 했던 에덴동산을 떠났을 때, 아담은 온 세상을 어둠 속으로 데리고 들어간 것이다. 한 아름다운 비잔틴 찬송가를 보면, 아담은 낙원 바깥에 앉아서 낙원을 바라보며 슬피 울고 있는 것으로 묘사된다. 바로 지금 인간의 모습이 그러하다.

예수 그리스도

이제 음식 이야기를 잠시 접고 다른 주제로 넘어가고자 한다. 우리가 음식 이야기를 처음에 꺼냈던 것은, "성례적", "성만찬적" 같은 말들을 전문적 신학의 오랜 역사 속에서 갖게 된 잘못된 의미들로부터 해방시키고자 했던 것이었다. 그 신학에서는, 그런 용어들이 거의 예외없이 "자연적인" 대 "초자연적인", "성스러운" 대 "속된"이라는 틀, 곧 종교와 삶을 서로 대립시키는 틀 안에 갇혀 있음을 알 수 있다. 그러한 틀 안에서는 궁극적으로 삶은 구속(救贖)될 수 없으며, 종교는 무의미한 것이 되고 만다. 그러나 우리의 관점에서 "원"죄의 주된 요지는 인간이 하나님에게 "불순종"했다는 것이 아니다. 그 죄란 인간이 하나님을 배고파하기를, 그분만을 배고파하기를 그쳤다는 것, 인간이 자신의 삶 전체가 의존하고 있는 세상 전체를 하나님과의 교통의 성례로 보기를 그만둔 것이다. 그 죄는 인간이 자신의 종교적 의무를 소홀히한 것이 아니다. 그 죄는 인간이 하나님을 종교의 관점에서, 즉 하나님과 삶을 서로 대립되는 것으로 생각해 버린 것이다. 인간 타락의 참 본질은 현재 인간이 비성만찬적인 세상에서 비성만찬적인 삶을 살고 있는 것이다. 타락은 인간이 하나님보다 세상을 더 좋아해서 영적인 것과 물질적인 것 사이의 균형을 깨뜨린 것이 아니라, 인간이 세상을 물질적인 것으로 만들어 버린 것이다. 본래 인간은 세상을 의미와 영으로 충만한 "하나님 안에서의 삶"으로 변모시켜야 했음에도 말이다.

그러나 기독교 복음은 하나님이 인간을 유배 상태에, 혼란스런 갈망의 늪에 그냥 내버려두지 않으셨다고 선포한다. 하나님은 인간을 "자신의 마음에 합당하게" 자신을 위해 창조하셨지만, 인간은 나름의 자유 가운데 자신 안에 있는 신비스런 갈망에 대한 답을 찾고자 씨름해 왔다. 이러한 근원적 실패의 장(場)에, 마침내 하나님이 결정적 행동을 취하셨다. 즉, 어둠 속에서 낙원을 찾고 있는 인간에게 하나님이 빛을 보내신 것이다. 하나님의 이 행동은 단순히 잃어버린 인간을 되찾기 위한 구조행위가 아니었다. 이는 그분이 태초부터 착수하셨던 일을 완성하기 위한 일이었다. 인간으로 하여금 하나님이 정말 어떤 분이시며, 자신에게 있는 갈망의 참된 대상이 무엇인지를 이해할 수 있도록 해주려는 일이었다.

하나님이 보내신 빛이란 다름 아닌 그분의 아들이었다. 세상의 어둠 속에서도 언제나 꺼지지 않고 빛을 내던 바로 그 빛이 마침내 충만한 빛을 드러낸 것이다.

그리스도가 오시기 전에 이미 하나님은 그분을 인간에게 약속해 주셨다. 하나님은 주로 이스라엘의 예언자들을 통해 이 약속을 주셨지만, 그 외에도 다른 많은 방법들을 통해서도 자신의 뜻을 알리셨다. 그리스도인으로서 우리는, 진리 자체이시며 하나님이시며 동시에 인간이신 그리스도께서 많은 부분적인 진리들을 통해서도 자신의 성육신을 인간에게 미리 맛보게 하셨음을 믿는다. 또한 우리는 그리스도께서 진리를 추구하는 모든 구도자 안에 현존하신다고 믿는다. 시몬 베유(Simone Weil)는, 사람이 제아무리 그리스도로부터 빨리 도망친다 해도, 실은 그는 지금 그리스도의 품 속으로 달려가는 중이라고 말한 바 있다.

하나님에 관한 진리 가운데 많은 것들이 종교의 오랜 역사 속에서도 계시되어 왔고, 이 사실은 참된 표준이신 그리스도에 비추어 봄으로써 증명될 수 있다. 인간의 열망들을 구현시켜 온 위대한 종교들 안에서, 하나님은 불협화음을 내는 오케스트라를 지휘해 오셨는데, 그러나 거기서 놀랍도록 훌륭한 음악이 만들어질 때도 많았다.

그러나 기독교는, 심오한 의미에서 바로 **모든 종교의 마침**(end)이다. 복음서에 나온, 우물가의 사마리아 여인 이야기에서 예수께서는 이 점을 분명히 말씀해 주셨다. 그 여인이 물었다. "주여, 내가 보니 선지자로소이다. 우리 조상들은 이 산에서 예배하였는데 당신들의 말은 예배할 곳이 예루살렘에 있다 하더이다." 예수께서 말씀하셨다, "여자여, 내 말을 믿으라. 이 산에서도 말고 예루살렘에서도 말고 너희가 아버지께 예배할 때가 이르리라.……아버지께 참되게 예배하는 자들은 영과 진리로 예배할 때가 오나니 곧 이때라. 아버지께서는 자기에게 이렇게 예배하는 자들을 찾으시느니라"(요 4:17-21, 23). 그 여인은 예수께 종교 제의에 대한 질문을 던졌으나, 예수의 대답은 그 문제를 보는 관점 자체를 송두리째 바꾸어 놓으신 것이다. 사실, 신약성경 어디에도 기독교가 하나의 제의나, 종교로서 제시된 적은 없다. 종교는 하나님과 인간 사이를 갈라놓는 벽이 있는 곳에 필요한 것이다. 그러나 하나님이시자 인간이신 그리스도는 인간과 하나님 사이에 놓인 그 벽을 허물어뜨리셨다. 그분은 새로운 종교가 아니라, 새로운 삶을 시작하신 분이다.

초대교회 당시 이교도들이 그리스도인들을 **무신론자**라고 비난했던 것은, 다름 아니라 초대교회가 일반적·전통적 의미에서의 "종교"로부터 자유로웠기 때문이다. 그리스도인들은, 당시 만연했던 엄숙한 비교(秘敎) 제의들에 익숙한 사람들과는 달리, 성스러운 장소나 성전이나 제의 등에 대해 전혀 관심이 없었다. 예수께서 사셨던 장소들에 대한 특기할 만한 종교적 흥미도 전혀 보여주지 않았다. 성지순례도 없었다. 옛 종교들에는 수천의 신성한 장소들과 성전들이 있었다. 그러나 그리스도인들에게는 이 모든 것이 이미 구시대적인 것에 불과했다. 이제 돌로 지어진 성전은 불필요했다. 그리스도의 몸인 교회, 그분 안에서 모인 새로운 백성들 자체가 바로 유일한 진짜 성전이었기 때문이다. "이 성전을 헐라. 내가 사흘 동안에 일으키리라"(요 2:19).

교회 자체가 바로 천상의 새 예루살렘이었다. 예루살렘에 있는 교회는 상대적으로 덜 중요했다. 그리스도가 **지금 여기에 오시고 현존하신다**는 사실이, 그분이 전에 계셨던 장소들보다 훨씬 더 중요시되었다. 물론 그리스도의 역사적 실존은 초대 그리스도인들의 신앙이 서 있던 확고부동한 토대였다. 그러나 그들은 그분을 (과거에 존재했던 분으로) 기억했다기보다는, 현재 자신들과 함께 계신 분으로 경험했다. (그리고 그분 안에서 모든) "종교"는 완성에 도달했다. 왜냐하면 그분 자신이 바로 모든 종교, 하나님을 향한 인간의 모든 갈망들에 대한 참 해답이었기 때문이다. 그분 안에서 인간은 잃었던 생명—종교 안에서는 다만 상징되고 지시되고 간청될 수 있었을 뿐인 생명—을 다시 되찾았기 때문이다.

이 책의 목적

이 책은 조직신학서가 아니다. 이 책은 참 해답이신 그리스도의 모든 측면 모든 의미들을 빠짐없이 다루려는 것이 아니다. 또한 이 책은 무수한 "신학들", "교의학들"에 축적되어 있는 지혜에 적게나마 무언가를 보태겠다는 것도 아니다. 이 책의 목적은 그저 소박하다. 이 책은 그리스도 안에서 삶이, 온전한 삶이 인간에게 회복되었다는 것, 그래서 이제 다시 삶이 우리에게 성례와 교통으로서 주어졌고, 성만찬이 되었음을 독자들에게 상기시키려는 것이다. 그리고 그것이 세상 속에서의 우리의 선교에 대해 갖는 의미를—비록, 부분적이고 피상적으로나마—밝혀 보고자 하는 것이다. 서구의 그리스도인들은 흔히 성례를 말씀과 대조되는 것으로 여기고, 선교를 성례가 아니라 말씀과만 연결짓는 경향이 있다. 더 나아가 그들은 성례를 교회 **안에 있는** 혹은 교회의 필수적이고 명확히 정의될 수 있는 역할이나 제도나 행위로 생각하는 경향이 있다. 교회 자체를 그리스도의 현존과 활동을 나타내는 성례로 보는 것이 아니라 말이다. 그들은 성례의 수, "효력", 제정 등 성례에 관한 다분히 "형식적인" 질문들에 많은 관심이 있다. 그러나 이 책의 목적은, 성례에 대해 이와 다른 관점과 다른 접근법이 존재해 왔고 지금도 존재하고 있으며, 이 접근법은 다름 아니라 선교, 세상 속에서 그리스도를 증거하는 이 막중한 일과 관련해서 실로 중요하다는 사실을 말하려는 것이다. 왜냐하면 우리가 생각해야 할 근본적인 질문은 바로 '우리는 대체 무엇을 증언하려는 것인가?'이기 때문이다. 우리는 대체 무엇을 눈으로 목격했고 우리

손으로 만져 본 것인가?(요일 1:1) 우리는 사람들을 불러 어디로 가겠다는 것인가? 우리는 그들에게 무엇을 주려는 것인가?

본 에세이집은 한 정교회(Orthodox) 교인이 정교회의 관점에서 쓴 글이다. 그러나 이 책은 요즘 흔히 읽혀지는 정교회 책들과는 다르다. 동방교회를 보는 전형적인 "서구적" 관점이 존재하는데, 심지어 정교회 교인들도 이를 별 이의 없이 받아들이고 있는 실정이다. 흔히 정교회는 "신비주의"나 "영성"이 전문인 교회로, 그래서 "영적 향연"을 갈망하는 이들에게 더없이 좋은 안식처로 여겨지곤 한다. 정교회는 "예전적"(liturgical), "성례적" 교회이며, **따라서** 정교회는 선교에는 다소 무관심하다는 것이 통념으로 되어 있다. 그러나 이는 모두 틀린 이야기다. 물론 정교회가 자신의 "성례주의"(sacramentalism)의 진정한 의미를 제대로 깨닫지 못했던 때가 많았을 수는 있다. 그러나 정교회의 성례주의의 근본적 의미는 단조로운 "활동"의 세계로부터 어떤 무시간적 "영성"의 세계로 도피하는 것이 절대 아니다. 그 참된 의미가 무엇인지를 나는 이 책을 통해 밝히고 독자들과 더불어 나누고자 한다.

아름다운 예배당 안에서 드려지는 "그 모든 철야 예배들", 이콘들, 예전 행렬들, 제대로 거행하기 위해서는 최소한 스물일곱 권 이상의 두꺼운 예전서들이 필요한 예전 등 이 모든 것들은, 기독교를 "종교의 마침"이라고 했던 앞의 내용과 상치되는 것처럼 보일 수도 있다. 그러나 정말 그런가? 만일 상치되지 않는 것이라면, 그 모두는 우리가 살아가는 이 실제 세상, 하나님께서 자기 아들을 주셔서 살리신 이 세상 속에서 어떤 **의미**를 갖는 것인가?

2
성만찬

그리스도의 십자가

그리스도는 이 세상에서 배척을 받으셨다. 그리스도는 하나님이 본래 의도하신 삶의 완전한 표현이셨다. 세상의 모든 삶의 단편들이 그분의 삶 안에 하나로 모아져 있다. 즉, 그분은 세상의 심장 박동이셨다. 그런데 세상은 그분을 죽였다. 그러나 그 살인을 통해 세상 역시 죽고 만 것이다. 세상은 하나님이 창조하신 대로의 낙원이 될 수 있는 마지막 기회를 잃어버리고 만 것이다. 우리는 끊임없이 새롭고 더 나은 물질문명을 발전시켜 갈 수 있다. 어쩌면 우리는 상호 전멸을 방지해 주는 보다 인도적인 사회를 건설해 낼지도 모른다. 그러나 세상의 참 생명이신 그리스도가 배척을 당하셨을 때, 이는 실은 종말의 시작이었다. 그 배척은 결정적 성질의 것이었다. 그리스도는 십자가에 못 박혔고, 이는 영원한 사실로 남는다. 파스칼이 말한 것처럼, "그리스도는 세상의 종말 때까지 고통 가운데 계신다."

그러나 지금의 기독교는, 만일 사람들이 기독교적인 삶을 위해 충분한 노력을 기울이기만 하면 마치 그 십자가 사건이 없었던 것이 될 수도 있다는 식으로 설교할 때가 많다. 이는 기독교가 자신을 망각했기 때문이다. 자신이 서야 할 자리는 다름 아닌 십자가라는 사실을 망각했기 때문이다. 이는 이 세상이 결코 개선될 수 없다는 말이 아니다. 평화와 정의와 자유를 위해 일하는 것 역시 분명 우리의 목표 중 하나다. 그러나 세상은 개선될 수는 있을지언정 결코 하나님이 본래 의도하신 곳이 될 수는 없다. 기독교는 세상을 정죄하지 않는다. 세상이 자기의 참된 자아이신 그분을 갈보리에서 정죄했을 때, 세상은 스스로를 정죄한 것이다. "그가 세상에 계셨으며 세상은 그로 말미암아 지은 바 되었으되 세상이 그를 알지 못하였고"(요 1:10). 만일 우리가 이 말씀의 참된 의미와 범위에 대해 진지하다면, 만일 우리가 진정한 그리스도인이라면, 우리는 우리가 그러한 종말의 증인이어야 한다는 사실, 곧 모든 자연적 기쁨의 종말이나 인간이 세상과 자기 자신에 대해 갖는 모든 만족의 종말이나 합리적 "행복 추구"로서의 삶의 종말을 증언하는 증인이어야 한다는 사실을 이미 알고 있다. 그러므로 이런 점들을 깨닫기 위해, 그리스도인들이 실존적 불안이니 절망이니 부조리니 하는 현대 철학의 가르침을 받을 필요가 전혀 없다. 비록 기독교의 오랜 역사 속에서 그리스도인들이 십자가의 의미를 망각해 버린 채 마치 "아무 일도 일어나지 않았던 것처럼" 살 때가 많았고 우리 각자도 우리가 할 일을 손놓아 버릴 때가 많았지만, 실은 우리는 그리스도가 죽은 이 세상에서는 "자연적 삶"이 종말을 맞았다는 사실을 잘 알고 있다.

기쁨의 성례

그러나 실제 기독교는 처음부터 지금까지 기쁨의 선포였다. 기독교는 지상에서 가능한 유일한 기쁨을 선포해 왔다. 기독교는 우리가 일반적으로 가능하다고 생각하는 모든 기쁨을 불가능한 것으로 만들어 버렸다. 그러나 바로 이 불가능성의 내부로부터, 바로 이 어둠의 밑바닥으로부터 기독교는 거대한 새로운 기쁨을 선언했고 또 전했다. 이 기쁨을 가지고 기독교는 종말을 시작으로 변모시켜 놓았다. 기독교는 기쁨의 선포를 떠나서는 도저히 이해될 수 없다. 교회가 세상에서 승리를 거둘 수 있었던 것은 바로 기쁨 때문이었다. 교회가 이 기쁨을 잃어버렸을 때, 이 기쁨에 대한 믿음직한 증인이 되기를 그쳤을 때, 교회는 세상을 잃어버렸다. 기독교에 대한 가장 호된 비난은, 그리스도인들에게는 기쁨이 없다고 했던 니체의 말이었다.

그러므로 교회, 선교, 선교 방법 등에 대한 전문적인 토의는 여기서는 잠시 잊기로 하자. 그런 토의가 잘못이라거나 불필요하기 때문이 아니라, 그런 토의는 어떤 근본적인 맥락 안에서 행해질 때 비로소 유용하고 의미 있는 것이 되기 때문이다. 그 맥락이란 바로 "큰 기쁨"이다. 기독교의 모든 다른 요소들이 흘러나오고 의미를 얻는 바로 그 기쁨이다. "보라, 내가 온 백성에게 미칠 큰 기쁨의 좋은 소식을 너희에게 전하노라." 복음은 이런 말로 시작되고 또 이렇게 끝난다. "그들이 그에게 경배하고 큰 기쁨으로 예루살렘에 돌아가"(눅 2:10; 24:52). 우리는 무엇보다 먼저 이 큰 기쁨의 의미를 회복해야 한다. 다른 어떤 것—프로그램, 선교사업, 프로젝트, 기법 등—에 대해 논의하기 전에 먼저 우리 자신이 이 기쁨에 참여해야 한다.

그러나 기쁨은 우리가 정의 내리거나 분석할 수 있는 무엇이 아니다. 기쁨은 다만 우리가 그 안으로 들어갈 수 있는 무엇이다. "네 주인의 즐거움에 참여할지어다"(마 25:21). 우리가 이 기쁨 속으로 들어갈 수 있는 유일한 수단, 이 기쁨을 이해할 수 있는 유일한 길은 다름 아니라 교회가 처음부터 기쁨의 원천이자 성취로 여겨왔던 한 행위, 바로 기쁨의 성례, 성만찬(the Eucharist)이다.

성만찬은 예전(liturgy)이다. 그런데 오늘날 **예전**이란 말은 흔히 논쟁을 불러일으키기 쉽다. 어떤 이들—"예전 중심적 마인드를 가진"이들—은 예전을 교회가 해야 할 가장 중요한 활동으로 여기는 반면, 또 어떤 이들은 예전을 교회가 정말로 해야 하는 일들로부터 벗어난, 일종의 심미적·영적 일탈행위로 여기기 때문이다. 오늘날 교회와 그리스도인들은 "예전적인" 쪽과 "비예전적인" 쪽으로 양분되어 있다. 그러나 이는 실제 불필요한 논쟁이다. 왜냐하면 이 논쟁은 한 가지 근본적 오해—바로, 예전에 대한 "예전적" 이해—에 기초하고 있기 때문이다. 이러한 이해는 예전을 "제의적"(cultic) 범주로 축소시켜 이해하고, 예전을 삶의 "속된" 영역들, 더 나아가 교회의 다른 모든 활동들로부터도 구분되는 신성한 예배 행위로 정의한다. 그러나 이것은 그 헬라어 '레이투르기아'(leitourgia)의 본래 의미가 아니다. 그 말은 본래 일단의 사람들이 개인들의 단순한 집합체 이상의 무엇이 되도록—즉, 부분들의 총계 이상의 합이 되도록—해주는 공동의 활동을 뜻했다. 또 그 말은 전체 공동체의 유익을 위해 한 사람 혹은 몇몇 사람들이 행하는 기능 또는 "사역"을 의미하기도 했다. 그래서 고대 이스라엘에서는, 선택된 소수의 사람들이 메시아의 오심에 대비해 세상을 준비시키는 공동의 일이 바로 '레이투르기아'였다. 그들은 그러한 준비 행위를 통해 그들이 되라고 부름받은 바로 그것, 즉 하나님의 이스라엘, 그분의 목적을 위해 택함받은 도구가 되었다.

이처럼 교회 그 자체가 '레이투르기아', 즉 이 세상 속에서 그리스도를 좇아 살며 그분과 그분의 나라에 대해 증언하는 사역과 소명인 것이다. 따라서 성만찬 예전을 "예전적", "제의적" 관점에서만 접근하거나 이해하는 것은 잘못이다. 기독교를 종교의 마침으로 볼 수 있다면, 기독교 예전 전체는, 특히 성만찬은 제의의 마침, 곧 공동체의 "속된" 삶으로부터 격리되어 있거나 대립되는 "성스러운" 종교 활동으로서의 제의의 마침이라고 할 수 있다. 예전을 이해하기 위한 첫째 조건은 먼저 특정한 "예전 신심"(liturgical piety)에 대해서 잊는 것이다.

성만찬은 성례다. 그러나 성례를 말하는 것도 흔히 오늘날 논쟁을 초래한다. 성례가 중요하다고 해서, 말씀은 중요하지 않단 말인가? 행여 우리가 위험한 "성례주의", "마법" 속으로 빠져들고 있는 것은 아닌가? 이는 기독교의 영적 성격을 배신하는 것이 아닌가? 이러한 질문들에 대해 여기서 답을 제시하려는 것은 아니다. 이 책의 목적은 그러한 질문들이 제기되는 맥락 자체를 문제 삼고자 하는 것이기 때문이다. 성만찬은 교회가 주님의 기쁨 속으로 들어가는 행위다. 그렇게 그 기쁨 속으로 들어가는 것, 그래서 세상 속에서 그 기쁨의 증인이 되는 것이야말로 바로 교회의 소명의 핵심이며, 교회의 본질적 '레이투르기아'이며, 교회를 "교회 되게 하는" 성례다.

다음에 이어질 성만찬에 대한 간략한 묘사는 주로 정교회의 성만찬 예전에 대한 것인데, 그 이유는 두 가지다. 첫째, 우리는 스스로 경험해 본 예전에 대해서만 확신을 갖고 이야기할 수 있는데, 이 책의 저자는 정교회 전통에 속해 있기 때문이다. 둘째, 이 책의 주제를 이루는 요소들과 강조점들은 다름 아니라 정교회 예전에 가장 잘 보존되어 있다는 것이 현재 "예전학자들"의 일치된 의견이기 때문이다.

여정의 시작

성만찬 예전을 가장 잘 이해하는 길은 그것을 하나의 여정 또는 입장 행렬로 이해하는 것이다. 즉, 성만찬이란 교회가 하나님 나라 차원 속으로 들어가는 여정이다. 우리가 "차원"이란 단어를 사용하는 것은, 그리스도의 부활 생명 속으로 들어가는 우리의 성례적 입장의 방식을 가리켜 주는 말로 이 말이 가장 적합해 보이기 때문이다. 색(色)은 2차원에서가 아니라 3차원에서 볼 때 그 투명도가 "살아난다." 그 추가된 차원으로 인해 우리는 촬영된 대상의 실제 모습을 보다 선명하게 볼 수 있게 된다. 바로 이처럼―물론 완벽한 유비는 아니지만―우리가 그리스도의 현존 속으로 들어가는 것은 마치 우리가 4차원의 세계로 들어가는 것과 같으며, 그때 비로소 우리는 삶의 궁극적 실재를 볼 수 있게 된다. 이는 세상으로부터 도피하는 것이 아니라, 세상의 실재 속을 더 깊이 들여다 볼 수 있는 위치에 도달하는 것이다.

이 여정은 그리스도인들이 자신의 집과 침대를 떠날 때 시작된다. 실제로 그들은 보이는 이 현 세상의 삶을 떠나는 것이며, 24킬로미터를 운전해서 오는 것이든 혹은 몇 블록을 걸어서 오는 것이든, 이미 여기서 부터 어떤 성례적 행위가, 앞으로 일어날 다른 모든 일들의 조건이 되는 행위가 일어나고 있는 것이다. 왜냐하면 지금 그들은 **교회를 이루러 가** 는 길, 보다 정확히 말해 하나님의 교회로 변모되는 길에 오른 것이기 때문이다. 그들 각각은 다 개인이다. 누구는 백인, 누구는 흑인, 누구는 가난한 자, 누구는 부자다. 지금까지 그들은 "자연적" 세상이었고 자연적 공동체였다. 그런데 이제 그들은 "한곳에 함께 모이라는" 부름, 그들의 삶, 그들의 "세상"을 가지고 와서, 지금까지의 그들 이상의 존재가 되라는, 즉 새로운 생명을 사는 **새로운** 공동체가 되라는 부름을 받은 것이다. 이는 이미 공동 예배와 기도 행위라는 범주를 훨씬 뛰어넘는 일이다. "함께 모임"의 목적은 단순히 자연적 공동체에 어떤 종교적인 차원을 덧붙이는 것, 그 자연적 공동체를 "보다 나은"―보다 책임성 있고 보다 기독교적인―것으로 만드는 것이 아니기 때문이다. 이 모임의 목적은 교회를 충만케 하는 것이며, 모든 것의 마침이요 모든 것의 시작이신 분을(계 22:13) 현재 가운데로 모시는 것이다.

이처럼 예전은 세상으로부터의 참된 분리에서부터 시작한다. 기독교를 길거리의 보통 사람들에게 보다 매력적으로 보이도록 만들려는 의도로, 흔히 우리는 이 필수적인 분리를 축소시켜 버리거나, 심지어 완전히 망각해 버리기도 한다. 우리는 늘 기독교를 "현대인들"이라는 가공의 사람들에게 "이해될 수 있고" "받아들여질 수 있는" 것으로 만들고 싶어 한다. 그러나 이것은, 그리스도가 이제 "이 세상에 속하지 않은" 분이라는 사실을 망각하는 것이다. 부활 후 그분은 심지어 제자들도 알아보지 못했다는 점을 망각하는 것이다. 막달라 마리아는 그분을 정원사로 착각하기도 했다. 두 제자가 엠마오로 가고 있었을 때 "예수께서 가까이 이르러 그들과 동행"하셨지만, 그들은 그분이 "떡을 가지사 축사하시고 떼어 그들에게 주시기" 전까지는 그분을 알아보지 못했다(눅 24:15-16, 30). 또 그분은 "문들이 닫혀" 있는 장소에서 열두 제자들에게 나타나시기도 했다. 이 모든 일들은 이제 우리가 그분을 마리아의 아들로서 아는 것만으로는 충분하지 않게 되었음을 의미한다. 성경 어디에도 우리가 그분의 외모를 알아봐야 한다고 말하지 않는다. 다시 말해, 이제 그분은 더 이상 이 세상, 이 세상 실재의 "일부"가 아니기 때문이다. 그러므로 이제 우리가 그분을 알아본다는 것, 그분의 현존의 기쁨 속으로 들어간다는 것, 그분과 함께 있다는 것은 또 다른 실재 속으로 전향해 들어간다는 것을 의미한다. 주님의 영화롭게 되심(glorification)은 그분의 낮아지심과 십자가 사건과는 달리 확실하고 객관적인 증거를 갖고 있지 않다. 그분의 영화롭게 되심은 오직 세례반(세례식 때 사용하는 성수〔聖水〕를 담는 그릇—편집자)에서의 신비한 죽음을 통해서, 성령의 기름 부으심을 통해서만 알려질 수 있다. 주님의 영화롭게 되심은 오직 교회의 충만을 통해서, 함께 모인 교회가 주님을 만나고 그분의 부활 생명을 나눌 때 비로소 알려질 수 있다.

초대 그리스도인들은 성령의 전이 되기 위해서는 그들 자신도 그리스도께서 올라가신 **하늘로 올라가야 한다**는 점을 알고 있었다. 또한 그들은 이러한 승천이야말로 세상 속에서 그들이 행하는 선교, 세상에 대해 그들이 행하는 사역의 근본 조건이라는 점을 잘 알고 있었다. 왜냐하면 거기서—천국에서—그들은 하나님 나라의 새로운 생명 속에 잠겨드는 경험을 가졌기 때문이다. 다시 말해, 이러한 "승천의 예전" 후 세상으로 돌아왔을 때, 그들의 얼굴은 온통 그 나라의 빛, 그 "기쁨과 평화"를 반사했고, 그래서 그들은 참으로 증인들이 될 수 있었다. 그들은 어떤 프로그램이나 이론을 들고 나가지 않았다. 그러나 그들이 가는 곳이면 어디든 하나님 나라의 씨앗들이 퍼졌고 싹이 텄으며, 신앙이 불붙었고, 삶이 변화되었으며, 전에는 불가능했던 일들이 가능해졌다. 그들은 진실로 증인들이었으며, "이러한 빛이 대체 어디서 오는 것인가? 이 힘의 원천은 대체 무엇인가?"를 묻는 이들에게 대답할 말을 알고 있었고, 또한 그들을 어디로 인도해야 하는지 알고 있었다. 그런데 오늘날 우리는 교회에서 그리스도와 그분의 나라가 아니라, 그저 동일한 옛 세상을 만날 때가 너무 많다. 그런데 우리는, 우리가 제자리에 머무는 것은 떠나지 않았기 때문이라는 것을 깨닫지 못한다.

떠나라. 그리고 오라. 이것이 바로 **시작**이다. 성례의 출발점이요, 그 변화시키는 힘과 실재를 경험하는 조건이다.

송영

정교회 예전은 장중한 송영과 더불어 시작된다. "성부와 성자와 성령의 나라는 복되도다. 이제와 영원히, 세세 무궁토록." 처음 시작부터 우리의 목적지가 선언되는 것이다. 지금 우리는 하나님 나라를 향해 가고 있다. 상징적으로 말해 그렇다는 것이 아니다. 우리는 실제로 그곳으로 가는 중이다. 교회의 고유한 언어, 곧 성경의 언어에서 하나님 나라를 복되다 말하는 것은, 단순히 그것에 대해 환호한다는 의미가 아니다. 그것은 그 나라를 우리의 모든 갈망과 관심, 우리 전 삶의 목적과 의미로, 존재하는 모든 것의 최고 궁극적 가치로 선언한다는 의미다. 송축하는 것은 사랑하고 받아들인다는 뜻이며, 그 사랑하고 받아들인 것을 향해 나아간다는 의미다. 교회는 이처럼 삶의 궁극적 목적지가 어디인지를 계시받고 그것을 받아들인 이들의 회합이요 모임이다. 이러한 받아들임은 그 송영에 대한 장중한 응답을 통해 표현된다. 바로 "아멘"이 그것이다. 이것은 실로 세상에서 가장 중요한 말들 중 하나라고 할 수 있다. 왜냐하면 "아멘"은 우리도 성부를 향해 올라가신 그리스도를 따라 올라갈 것이며, 이것을 인생의 목적으로 삼겠다는 교회의 동의를 표현해 주는 말이기 때문이다. 이 응답은 우리를 향한 그리스도의 선물이다. 왜냐하면 우리는 오직 그리스도 안에서 하나님에게 이 아멘을 말할 수 있기 때문이다. 아니, 그리스도 그분 자신이 하나님께 대한 우리의 아멘이시며, 교회는 그리스도에 대한 아멘이다. 인류의 운명은 바로 이 아멘에 의해 결정된다. 이 아멘은 우리가 하나님을 향해 나아가기 시작했음을 말해 준다.

그러나 아직 우리는 그저 첫걸음을 내딛었을 뿐이다. 우리는 "이 세상"을 떠났다. 우리는 함께 모였다. 우리는 우리의 궁극적 목적지가 어디인지에 대한 선언을 들었다. 이 선언에 우리는 아멘이라고 응답했다. 하나님의 부르심과 명령에 대한 이러한 응답을 통해 우리는 '에클레시아'(ecclesia)가 되었다. 그리고 이제 우리는 기쁨 충만한 공동 찬양과 더불어 "공동기도와 간구"를 드리기 시작한다. 여기서 다시 한번, 성만찬 모임은 기쁨이 충만한 모임이어야 한다는 점을 강조해야겠다. 왜냐하면 중세 시대의 십자가에 대한 강조는, 물론 잘못된 것은 아니었지만 분명 한쪽으로 치우친 것이었기 때문이다. 예전은, 무엇보다도 부활하신 주님을 만나 그분과 더불어 신방에 드는 이들의 기쁨 충만한 모임이어야 한다. 노래와 의식(儀式), 예복과 향 등—흔히 불필요하며 심지어 죄된 것이라는 비난도 받곤 하는—예전의 모든 "아름다운" 것들은, 실은 바로 이러한 기대의 기쁨, 이러한 기쁨의 기대를 표현해 주는 것들이다.

그 아름다움은 사실 불필요한 것이다. 그것은 "필요하다"는 범주를 넘어선 것이기 때문이다. 미는 본래 "필요한" 것이나, "실용적인" 것이나, "쓸모 있는" 것이 아니다. 생각해 보라. 우리가 사랑하는 사람과의 식사시간을 위해 식탁에 아름다운 식탁보를 깔고 그 위를 초와 꽃들로 장식하는 것은, 그런 것들이 필요하기 때문이 아니다. 우리는 사랑하기 때문에 그렇게 한다. 교회는 사랑이고, 기대이며, 기쁨이다. 정교회 전통에서는 교회를 지상에 있는 천국이라고 말한다. 교회는 아이 같은 기쁨의 회복이다. 세상을 변모시킬 수 있는 유일한 힘, 그 자유롭고 거침없으며 아무 사심 없는 기쁨이다. 우리 어른들의 심각한 신심(信心)은 늘 모든 일에 정의(定義)와 정당성을 찾는다. 그런데 그런 자세는 실은 두려움—변질, 이탈, "이교적 영향" 등에 대한 두려움—에 뿌리를 박고 있다. 그러나 "두려워하는 자는 사랑 안에서 온전히 이루지 못하였으니라"(요일 4:18). 정말로 하나님 나라를 **사랑하는**—그저, 그것에 대해 토론하는 것이 아니라—그리스도인들은 예술과 아름다움을 통해 그 나라를 "표현"(represent)하고, 가리켜 주고 싶어 한다. 이 기쁨의 성례를 집전하는 이들이 아름다운 예복을 입고 나타나는 것은, 그는 지금 하나님 나라의 영광을 옷 입은 것이며, 사람의 모습을 취하신 하나님이신 그리스도도 우리에게 영광 중에 나타나시기 때문이다. 성만찬에서 우리는 그리스도의 현존 가운데 서게 되며, 하나님 앞에 서 있던 모세처럼 우리는 그분의 영광으로 둘러싸이게 된다. 그리스도 자신도 그 십자가 아래의 군인들이 나누어 가질 수 없었던, 이음새 없이 통째로 짜인 옷을 입고 계셨다. 그 옷은 시장에서는 구할 수 없는 옷이었다. 아마도 누군가의 사랑의 손길을 통해 만들어진 옷이었을 것이다. 그렇다. 성만찬을 준비하며 우리가 꾸미는 모든 아름다움들은 실용적 가치는 전혀 없는 것들이다. 그러나 로마노 과르디니(1885-1968년, 이탈리아 신학자)는 이 무용한 아름다움에 대해, 예전에 대해 「교회와 가톨릭, 예전의 영」(*The Church and the Catholic, and the Spirit of the Liturgy*)에서 다음과 같은 지혜로운 말을 남겼다.

은혜의 도움으로, 인간은 자신의 근본적 본질을 새롭게 할 수 있는 기회, 자신에게 주어진 신적 운명에 따라 그가 마땅히 되어야 하고, 또 되기를 갈망하는 존재, 곧 하나님의 어린아이가 될 수 있는 기회를 부여받는다. 예전을 통해 그는 "그의 젊음에 기쁨을 주신 하나님께" 간다.……예전의 생명은 일상적 실재로부터 표현 기회나 표현 형태를 받기에는 너무 높은 생명이기에, 예전은 오직 예술에서 자신에게 맞는 형태와 방법들을 취한다. 예전은 격식과 음률을 갖춘 말을 사용한다. 예전은 형식과 리듬이 있는 제스처를 취한다. 예전은 일상생활에서와는 다른 색깔과 의상을 입는다.……최상의 의미에서 예전은 모든 것이 그림이고 멜로디이며 노래인 어린아이의 삶이다. 이것이 바로 예전이 보여주는 놀라운 사실이다. 예전은 하나님 앞에서의 초자연적 아이스러움을 통해 행위와 실재를 하나로 연합시킨다.

입당

예전의 다음 단계는 **입당**(entrance), 즉 집례자가 제단을 향해 나아가는 행위다. 여러 가지 상징적 해석들이 있어 왔으나, 이 행위는 단순히 "상징"이 아니다. 이는 교회가 옛 세상에서 새 세상으로, "이 세상"에서 "장차 올 세상"(히 2:5)으로 **이동해 가는**(passage) 움직임이며, 따라서 예전적 "여정"의 핵심적 움직임이다. "이 세상"에는 더 이상 제단이 존재하지 않으며 성전은 파괴되었다. 이제 그리스도 자신이, 그분이 취하시고 신화(神化, deified)시키시고 하나님의 성전으로 삼으신 그분의 인성이 유일한 제단이기 때문이다. 이제 그분의 현존이 곧 제단이다. 그런데 그리스도는 하늘로 올라가셨다. 따라서 제단은, 그리스도 안에서 우리가 천국에 들어갈 수 있게 되었다는 사실, 교회는 우리를 천국으로 인도하는 "통행로"(passage)이자 천상의 성소로 들어가는 **입구**(entrance)라는 사실을 말해 주는 표지다. 또한 제단은, 교회는 오직 천국에 "들어갈" 때, 하늘로 올라갈 때 비로소 교회됨을 이룬다는 사실을 말해 주는 표지다. 따라서 성만찬에서 이 **입당**, 집례자가—그 안에서 또한 온 교회가—제단에 다가가는 이 입당 행위는, 단순히 상징이 아니다. 이는 이 성례의 참된 차원들이 계시되고 확립되는 중심적·결정적 행위다. "은혜"가 하늘에서 아래로 내려오는 것이 아니다. 교회가 "은혜" 속으로 들어가는 것이다. 은혜란 새로운 존재, 하나님 나라, 장차 올 세상을 의미한다. 그리고 집례자가 제단에 다가가는 동안, 교회는 하나님의 보좌에서 천사들이 영원무궁토록 부르고 있는 찬송에 참여한다. "거룩하신 하나님, 거룩하시고 전능하시고, 거룩하시고 불멸하시는 하나님." 그리고 사제는 말한다. "거룩하신 하나님, 스랍의 거룩한 삼중 목소리로 찬양 받으시고, 그룹에게서 영광을 받으시며, 하늘의 모든 천군천사들에게서 찬미 받으시나이다."

여기서 천사들은 단순히 장식이나 영감을 위한 존재들이 아니다. 그들은 바로 천국, 저 위와 저 너머에 있는 영광스럽고 불가해한 실재를 나타내 주는 존재들이다. 천국에 대해 우리는 단 하나만을 분명히 알고 있을 따름이다. 그곳은 하나님의 영광과 거룩에 대한 찬양이 영원토록 울려 퍼지는 곳이라는 사실 말이다. "거룩"은 하나님의 참 이름이다. "학자들과 철학자들의" 하나님이 아닌, 신앙의 하나님, 살아 계신 하나님의 이름이다. 하나님에 대한 지식은 각종 정의들과 개념 구분들을 낳을 뿐이다. 그러나 하나님을 아는 지식은 우리를 이 한 가지, 불가해하면서도 동시에 너무나도 분명한 뜻을 가진 단어로 인도해 준다. 바로 "거룩"이다. 이 단어를 통해 우리는, 하나님이 절대적 타자(the Absolute Other)라는 것, 즉 그분에 대해 우리는 아무것도 모른다는 것과 동시에 하나님은 우리의 모든 갈증과 갈망의 궁극적 대상이라는 것, 늘 저만치에서 우리를 부르시되 우리를 매혹시키는 신비한 보물이라는 것, 실은 그분만이 우리가 알아야 할 전부라는 것을 표현한다. "거룩"은 교회가 천국에 들어가, 하나님의 천상적 영광 앞에 서서 드리는 말이요 노래요 "반응"이다.

말씀의 예전

이제 성만찬 여정의 시작 이후 처음으로 집례자가 등을 돌려 사람들을 마주 본다. 이 순간까지 그는 교회의 승천을 앞서 인도해 왔으며, 이제 그 움직임은 목적지에 도달했다. 이제 사제는 자신의 예전을 통해, 교회 안에서의 자신의 고유한 기능과 순종을 통해, 사제이신 그리스도를 지금 여기에 나타내고(re-present) 현존케 하는 사람으로서 사람들에게 말한다. "평화가 여러분들에게 있기를." 그리스도 안에서 사람은 하나님께로 돌아가고, 그리스도 안에서 하나님은 사람에게 오신다. 새로운 아담, 완전한 인간으로서 그리스도는 우리를 하나님께로 인도한다. 그분은 성육하신 하나님으로서 우리에게 성부를 계시하시고 우리를 하나님과 화해시키신다. 그분은 우리의 평화, 즉 하나님과의 화해, 하나님의 용서, 하나님과의 교통이시다. 사제는 그리스도가 하나님과 그분의 세상 사이에서 이루신 그 평화, 우리가 교회로서 들어간 그 평화를 우리에게 선언하고 수여하는 것이다.

바로 이러한—"모든 지각에 뛰어난"('인간의 이해력을 초월하는' [빌 4:7], 옮긴이 사역)—평화 속에서 이제 말씀의 예전이 시작된다. 말씀과 성례를 구분 짓는 일에 너무 익숙해 있는 서구의 그리스도인들은 말씀의 예전을 성례적 행위로, 또한 성례를 "복음적" 행위로 보는 정교회의 관점을 이해하기 어려워한다. 사실 성례는 말씀의 현시(顯示, manifestation)다. 말씀과 성례를 분리시키는 잘못된 이분법을 극복하지 않는 한, 우리는 말씀과 성례의 참 의미, 특히 기독교 "성례주의"의 참 의미를 그 놀라운 함의들 속에서 파악할 수 없다. 말씀의 선포는 최고의 성례적 행위인데 그것은 변모시키는 행위이기 때문이다. 그것은 복음서의 인간의 말들을 하나님의 말씀으로, 하나님 나라의 현시로 변모시킨다. 그리고 말씀을 듣는 사람을 말씀을 담는 그릇으로, 성령의 전으로 변모시킨다.…… 매주 토요일 밤, 그 장중한 부활절 철야 예배 때, 복음서는 장중한 행렬과 더불어 회중 한가운데로 옮겨진다. 이 행위를 통해 주님의 날이 선언되고 현시된다. 복음서는 단순히 그리스도의 부활에 대한 "기록"이 아니기 때문이다. 하나님의 말씀은 우리에게 영원히 오시는 부활하신 주님 자신이요, 곧 부활의 능력과 기쁨 자체이기 때문이다.

예전에는 복음의 선포에 앞서 "알렐루야"가 있다. 이는 그 신비한 "테오포루스"(*theoforous*, God-bearing, 하나님을 지닌)의 말을 노래하는 것으로서, 오시는 주님을 **보고**, 그분의 현존을 **알고**, 이 영광스런 "파루시아"(*parousia*) 앞에서 기쁨을 표현하는 이들이 행하는 기쁨 충만한 인사 행위다. 이 번역이 어려운 "파루시아"를 굳이 번역하자면 "그분이 여기 계시다!" 정도가 된다.

이것이 바로 정교회에서 복음서 낭독과 설교가 **예전적 행위**로, 성례의 본질적이고 핵심적인 부분으로 여겨지는 이유다. 복음서 낭독과 설교는 하나님의 말씀으로 들려지며, 성령 안에서—즉, 말씀의 삶이자, 세상 속에서의 말씀의 "자람"인 교회 안에서—받아들여진다.

봉헌

이제 떡과 포도주에 대해 이야기할 차례다. 성만찬에서 떡과 포도주가 갖는 근본적인 영원한 의미를 이해하자면, 먼저 우리는 끝없는 신학 논쟁들에 대해서는 잠시 잊어야 한다. 그 논쟁들 가운데 떡과 포도주는 급기야 추상적이고 사변적인 성격의 "성물"(elements)이 되어 버리고 말았다. 성례신학이 범한 큰 과실들 가운데 하나는, 점진적으로 의미가 계시되는 성만찬 여정의 순서를 따라가는 대신, 신학자들이 성만찬을 자신의 지성적 틀에 억지로 끼워 맞추기 위해 던진 일단의 추상적 질문들을 거기에 적용시킨 것이다. 이러한 접근법은 신학적 관심과 탐구의 장에서 예전 그 자체를 사실상 완전히 사라져 버리게 만들었다. 예전 대신 독립된 별개의 "순간들"(moments), "경문들"(formulas), "효력의 조건들"(conditions of validity) 등만이 남게 되었다. 교회 전체가 행하는 하나의 유기적이고 전체를 포괄하고 전체를 변모시키는 행위로서의 성만찬은 사라지고, 대신 "본질적" 부분, "비본질적" 부분, "성물", "축성"(祝聖, consecration, 사람이나 물건을 하나님께 봉헌하여 거룩하게 하는 일—편집자) 등만이 남게 되었다. 그래서 가령 그런 신학의 방식대로 성만찬의 의미를 설명하고 정의하자면, 사실 "성만찬"이라는 단어는 필요가 없어진다. 그것은 거의 무의미한 말이 되고 만다. 그러나 초대교회 교부들에게는, 그것이 그 예전의 모든 "요소들"에 통일성과 의미를 부여해 주는 핵심 단어였다. 교부들은 봉헌되는 떡과 포도주, 그리고 그들이 하는 봉헌과 축성, 성찬 참여(communion) 등 모두를 통틀어 "성만찬"이라고 불렀다. 이 모두가 성만찬이었으며 오직 성만찬의 틀 안에서 이해될 수 있는 것들이었다.

성만찬 예전이 더 진행되면, 이제 우리는 하나님께 우리의 모든 삶과 우리 자신과 우리가 사는 세상 전체를 봉헌 드리는 시간을 맞는다. 이것이 우리가 우리 음식의 요소들을 제단으로 가지고 나가는 첫 번째 의미다. 이미 살펴본 대로, 음식은 생명이며, 삶의 원리이며, 세상 전체는 인간을 위한 음식으로 창조된 것이기 때문이다. 또한 우리가 알 듯 이 음식과 세상과 삶을 하나님께 바치는 것은 인간으로서의 근본적인 "성만찬적" 기능을 행하는 것이며, 인간됨을 성취하는 것이다. 우리는 삶이라는 성례의 **집례자들**(celebrants)로, 삶을 하나님 안에서의 삶으로, 하나님과의 교통으로 변모시키는 존재들로 창조되었다. 참된 삶은 "성만찬" 곧 하나님을 향한 사랑과 찬미의 움직임이며, 존재하는 모든 것의 의미와 가치는 바로 이 움직임 안에서 비로소 계시되고 성취된다. 우리는 우리가 이러한 성만찬적 삶을 잃어버렸음을 안다. 그러나 또한 우리는 새 아담이시며 완전한 인간이신 그리스도 안에서 이 성만찬적 삶이 다시 우리에게 회복되었음을 안다. 왜냐하면 그리스도 자신이 바로 완벽한 성만찬이시기 때문이다. 그분은 전적인 순종과 사랑과 감사 가운데 자기 자신을 하나님께 바치셨다. 하나님은 그분의 생명이셨다. 그리고 그분은 이 완벽한 성만찬적 삶을 우리에게 주셨다. 그러므로 이제 그분 안에서 하나님은 우리의 생명이 되셨다.

이처럼 우리가 하나님께, 우리가 살기 위해서 먹어야 하는 음식인 떡과 포도주를 바치는 것은, 우리 자신과 우리 삶과 세상 전체를 그분에게 드리는 것이다. "세상 전체를 마치 하나의 사과처럼 우리 손에 들고서!"라고 러시아의 한 시인은 노래했다. 이것이 바로 우리의 성만찬이다. 이것은 아담이 하지 못했던 움직임이며, 그리스도 안에서 이 움직임은 인간의 생명 자체가 되었다. 이 찬미와 찬양의 움직임 안에서, 우리는 우리의 모든 기쁨과 고통, 모든 아름다움과 좌절, 모든 배고픔과 만족을 그것들의 궁극적 목적이신 분께 바침으로써 마침내 **의미 있는 것**들이 되게 한다. 그렇다. 분명 이것은 하나의 **희생제사**다. 그러나 희생제사는 인간이 행하는 가장 자연적인 행위이며, 인간 삶의 정수다. 인간은 희생제사를 드리는 존재다. 왜냐하면 인간은 자신의 삶을 사랑 안에서 발견하는데, 사랑은 다름 아닌 희생이기 때문이다. 인간은 자신의 삶의 가치와 의미를 상대에게 두고, 그에게 삶을 바치며, 그 안에서 삶의 의미와 기쁨을 발견한다.

　우리는 하나님께 세상과 우리 자신을 봉헌한다. 그러나 우리는 이 봉헌을 **그리스도 안에서, 그분을 기억하며** 행한다. 우리가 이 봉헌을 그리스도 안에서 행하는 것은, 하나님에게 봉헌되어야 할 모든 것이 이미 그리스도에 의해 봉헌되었기 때문이다. 그분은 이 성만찬을 영단번에 이루셨고, 그러므로 이제 봉헌되지 않은 채 남아 있는 것은 아무것도 없다. 그분 안에는 생명이 있었다. 그분은 우리 모두의 참 생명이신 자신을 하나님께 드렸다. 교회는 그리스도의 성만찬적 삶 속으로 받아들여진 사람들이다. 또한 우리가 이 봉헌을 **그분을 기억하며** 행하는 것은, 우리가 우리의 삶과 세상을 하나님께 드릴 때마다 거듭 우리에게는 그리스도—세상의 참 생명이시며 존재하는 모든 것의 충만이신—외에는 드릴 봉헌물이 아무것도 없다는 사실을 발견하기 때문이다. 이것은 그분의 성만찬이며, 그분이 곧 성만찬이다. 봉헌기도가 말하는 것처럼 "봉헌하는 분도, 봉헌되는 분도 그분이시도다." 이 예전은 우리를 그리스도의 우주적 성만찬 속으로 인도해 들이고, 우리에게 세상의 유일한 성만찬이자 유일한 봉헌은 오직 그리스도 자신이라는 사실을 계시해 준다. 우리는 거듭거듭 우리의 삶을 들고 나와 봉헌한다. 즉, 우리는 하나님이 우리에게 주신 것을 가져와 그분께 "희생제사"로 드린다. 그때마다 우리는 모든 희생제사, 모든 봉헌, 모든 성만찬의 **마침**이신 분께 이른다. 우리는, 그리스도께서 존재하는 모든 것들을 이미 다 **봉헌하셨다**는 사실, 그분과 존재하는 모든 것이 그분의 봉헌 안에서 하나님께 봉헌되었다는 사실을 매번 계시받기 때문이다. 우리는 그리스도가 드린 성만찬 안에 포함되어 있으며, 그리스도가 곧 우리의 성만찬이시다.

행렬 가운데 떡과 포도주가 제단을 향해 옮겨질 때, 우리는 그리스도 자신이 우리 모두와 우리의 삶 전체를 그분의 성만찬적 승천 안에서 하나님께로 가지고 가신다는 것을 알게 된다. 예전의 이 순간, 이것이 바로 우리가 기념, 곧 기억을 행하는 이유다. "주 하나님이여, 당신의 나라에서 기억하소서……." 기억은 **사랑**의 행위다. 하나님은 우리를 기억하시는 분이며, 곧 그분의 기억과 그분의 사랑이 이 세상의 토대다. 그리스도 안에서, 이제 **우리가** 기억한다. 즉, 우리는 다시 사랑을 향해 열린 존재가 된다. 그리고 우리는 **기억한다**. "이 세상"으로부터 분리되어 천국을 향해 가는 여정 가운데 교회는 세상을 **기억하고**, 모든 사람을 기억하며, 창조세계 전체를 기억하고, 그것을 사랑 안에서 하나님께로 가져간다. 성만찬은 우주적 기억의 성례다. 성만찬은 실로 세상의 생명인 사랑의 회복이다.

신적 사랑

이제 떡과 포도주가 제단 위에 놓여 있다. 마치 우리의 "생명이 그리스도와 함께 하나님 안에 감추어져"(골 3:3) 있는 것처럼 (천으로) 감추어진 채 놓여 있다. 그리스도께서 하나님께 되돌려 드리신 그 생명 전체가 하나님 안에 감추어진 채 놓여 있는 것이다. 이제 집례자가 말한다. "우리 모두 한마음이 되어…… 고백드릴 수 있도록 먼저 서로 사랑합시다." 그러면 평화의 입맞춤(the kiss of peace)이 이어지는데, 이는 기독교 예전의 근본적인 행위들 중 하나다. 교회가 참으로 교회이고자 한다면 교회는 하나님께서 "우리 마음에 부으신"(롬 5:5) 신적 사랑의 계시가 되어야 한다. 이 사랑이 없다면 교회 안에서 그 어떤 것도 "유효"하지 않다. 사랑 없이 그 어떤 것도 가능하지 않기 때문이나. 그리스도의 성만찬의 내용은 다름 아닌 그 신적 사랑이다. 따라서 우리는 오직 사랑을 통해 그곳으로 들어가며 참여자가 된다. 이 사랑은 우리가 할 수 없는 사랑이다. 우리가 이 사랑을 잃어버렸기에 그리스도께서 우리에게 이 사랑을 주셨고, 이 선물은 바로 **교회**다. 교회는 사랑을 통해, 사랑 위에서 비로소 교회가 되며, 이 세상에서 교회는 신적 사랑에 대해 "증언"하며, 그 사랑을 표현하고, 그 사랑을 지금 여기에 현존시킨다. 오직 그 사랑만이 창조하고 변모시킬 수 있다. 그 사랑이 바로 성례의 원리다.

마음을 드높임

"우리 마음을 드높입시다" 하고 집례자가 말하면 회중은 대답한다. "주님께 우리 마음을 드높입니다." 성만찬은 '아나포라'(anaphora), 곧 우리의 봉헌물과 우리 자신을 "드높이는" 것이다. 이는 교회가 천국으로 올라가는 승천이다. "천국에 마음 쓸 것이 무엇인가?" 성 요한 크리소스톰은 말한다. "내 자신이 천국이 된다면……." 성만찬은 그동안 봉헌

물에만 국한되어 설명될 때가 너무 많았다. 모든 질문은 떡과 포도주에 대체 "어떤 일이 일어나는가, 그 일이 왜, 언제 일어나는가" 하는 것들이었다. 그러나 떡과 포도주에 일어나는 일은 먼저 우리에게 무언가가 일어났기 때문에 일어나는 것임을 이해해야 한다. 그 일은 우리가 교회를 "이루었기" 때문에, 교회가 그리스도를 따라 승천했기 때문에 일어나는 일이다. 그 일은 그리스도가 우리를 그분 나라의 식탁에 받아 주셨기 때문에, 신학적으로 말하면 우리가 종말(Eschaton)에 들어갔기 때문에, 이제 우리가 시간과 공간 너머에 서 있는 것이기 때문에 일어나는 일이다. 떡과 포도주에 무슨 일이 일어나는 것은, 먼저 이 모든 일이 우리에게 일어났기 때문이다.

"우리 마음을 드높입시다." 집례자가 말한다.

"주님께 우리 마음을 드높입니다." 회중이 대답한다.

"주님께 감사드립시다(*Eucharistisomen*)." 집례자가 말한다.

감사와 처음기원

인간이 하나님의 보좌 앞에 설 때, 하나님이 이루라고 하신 모든 것을 그가 다 이루었을 때, 모든 죄가 용서되고 모든 기쁨이 회복되었을 때, 그가 할 일은 오직 감사드리는 것뿐이다. 성만찬, 곧 감사는 완벽한 인간의 상태다. 성만찬은 낙원의 삶이다. 성만찬은 하나님의 창조, 구속, 천국 주심에 대해 인간이 할 수 있는 유일하게 충만하고 참된 응답이다. 그러나 하나님 앞에 서 있는 이 완벽한 인간은 다름 아닌 **그리스도**다. 오직 그분 안에서 하나님이 인간에게 주신 모든 것이 성취되었고 천국으로 되돌려졌다. 오직 그분만이 완벽한 성만찬적 존재이시다. 그분은 세상의 성만찬이시다. 성만찬 되신 그분 안에서, 또 그분을 통해 전 창조세계는 비로소 자신의 존재 목적을 이룬다.

"감사드림이 합당하고 옳은 일입니다"라고 회중은 대답한다. 이 말이 표현해 주는 그 "무조건적인 자기양도"를 통해 비로소 참된 "종교"가 시작된다. 왜냐하면 신앙은 지적인 추구의 산물이나, 파스칼이 말하는 "내기"의 산물이 아니기 때문이다. 삶의 좌절과 불안에 대한 합리적인 해결책이 아니다. 신앙은 무언가의 "부족"에서 생겨나는 것이 아니라, 궁극적으로 충만과 사랑과 기쁨에서 나오는 것이다. "합당하고 옳은 일입니다"가 표현해 주는 것이 바로 이것이다. 풍성한 삶을 살고 받는 것이 하나님의 초대에 대해 할 수 있는 유일한 응답이다.

그러므로 이제 사제는 성만찬 기도(the great Eucharistic prayer)를 시작한다.

> 우리가 주님을 노래하고, 주님을 복되다 이르며, 주님을 찬양하고, 주님께 감사드리며, 주님이 다스리시는 모든 곳에서 주님을 찬미함은 합당하고 옳은 일입니다. 주님은 말로 다 형용할 수 없으며, 다 파악할 수 없고, 보이지 않으며, 불가해한 하나님이시기 때문입니다. 주님은 영원부터 계시고 변치 않는 분이십니다.……주님은 무로부터 우리를 불러 존재케 하셨고, 우리는 주님으로부터 아래로 떨어져 버렸지만, 주님은

우리를 다시 위로 들어 올리셨습니다. 주님은 우리를 다시 하늘로 데려 가시고 장차 올 주님의 나라를 우리에게 주실 때까지, 모든 일을 그치지 않으십니다.……이 모든 일로 인해 우리는 주님께 감사드립니다. 우리가 알고 있는 모든 일들, 우리가 모르고 있는 모든 일들에 대해. 우리에게 주신 모든 보이는 은택들과 또 보이지 않는 은택들로 인해…….

이 성만찬 기도의 시작 부분은 보통 "처음기원"(Preface, 또는 '서문경') 으로 불려진다. 그런데 이 처음기원은 모든 성만찬 제의들에 들어 있음에도, 성만찬 신학의 역사에서는 그다지 많은 관심을 받지 못했다. 책의 진짜 본문에는 속하지 않는 그야말로 "서문" 대우를 받은 것이다. 신학자들이 이 처음기원을 소홀히 여긴 것은, 그들이 진짜 "문제"들을 빨리 다루고 싶어 했기 때문이다. 축성, 성물의 변화, 희생제사 같은 문제들 말이다. 우리는 여기서 기독교 신학이 범한 큰 "과오"를 발견한다. 곧 성만찬을 다루는 신학이 성만찬적이기를 그치고, 성례에 대한 이해 전체로부터, 교회의 삶으로부터 성만찬적 정신을 앗아가 버린 것이다. 제정의 말씀(the words of institution)과 성령 임재기원(*epiclesis*)에 대해 동방교회와 서방교회 사이에 벌어졌던 수세기에 걸친 오랜 논쟁은 성례신학 역사에서의 "비성만찬적인" 단계를 보여주는 대단히 좋은 예다.

그러나 우리는 뒤따르는 모든 것을 정말로 "가능하게 만들어 주는" 것이 다름 아니라 바로 이 처음기원—감사드리는 이 행위, 이 말씀, 이 움직임—이라는 것을 이해해야 한다. 왜냐하면 이러한 시작 없이는 다른 나머지 것들이 일어날 수 없기 때문이다. **그리스도의 성만찬**,

성만찬이신 그리스도는 우리를 하나님 나라의 식탁으로 인도해 들이고, 우리를 천국으로 들어 올리고, 우리를 신적 음식의 참여자로 만드는 "돌입"(breakthrough) 사건이다. 왜냐하면 성만찬—감사와 찬양—은 곧 하나님이 그리스도 안에서 우리를 자신과 화해시켰을 때 우리에게 주신 새로운 생명의 형식이자 내용 자체이기 때문이다. 화해, 용서, 생명의 힘, 그 모두는 다 이 새로운 존재 상태, 이 새로운 삶의 양식, 곧 성만찬을 목적과 성취로 한다. 성만찬은 하나님과 더불어, 하나님 안에서 사는 창조물의 유일한 참된 삶, 하나님과 세상 사이의 유일한 참된 관계이기 때문이다.

처음기원은 실제로 장차 올 세상 속으로 들어가는 **서문**이며, 하나님 나라로 들어가는 문이다. 우리는, 하나님 나라가 **장차** 올 세상이지만 동시에 **하나님께서 이미 우리에게 그 나라를 주셨다**고 말함으로써 이를 고백하고 선포한다. 이 미래가 과거에 우리에게 주어진 것은 바로 그 미래가 교회의 **현재**, 지금의 삶 자체를 이루도록 하려는 것이다.

삼성창

따라서 처음기원은 삼성창(Sanctus)—"거룩하시다, 거룩하시다, 거룩하시다"—에서, 존재하는 모든 것들의 비밀한 정수인 그 영원한 송영에서 완성된다. "하늘과 땅이 온통 주의 영광으로 충만하나이다." 우리는 창조세계의 참 목적이 하나님을 영화롭게 하는 것이며, 하나님의 사랑에 **응답**

하는 것이고, 그 응답—감사, 성만찬, 찬미—을 통해 비로소 창조세계가 하나님이 원하시는 모습이 된다는 것을 보고 이해하기 위해, 그리스도 안에서 하늘로 올라가야 했다. 이제 우리는 마침내 여기서—"수천의 천사장들과 무수한 천사들과, 그룹과 스랍들이…… 날개 타고 높이 날아다니는" 천상적 교회 차원에서—"우리 자신을 표현"할 수 있게 된다.

> 거룩, 거룩, 거룩,
> 만군의 주님.
> 하늘과 땅은 주의 영광으로 충만합니다.
> 지극히 높은 곳에서는 호산나.
> 주님의 이름으로 오시는 이는 복되시도다.

이것이 바로 존재하는 모든 것의 궁극적 목적이고 **마침**이며 목적지이고 완성이다. 이것이 바로 창조의 **시작**이요 원리이기 때문이다.

기억의 기도

그러나 우리가 하나님 앞에 서서 그분이 우리를 위해 행하신 모든 일을 기억하며 그분께 그 모든 은택에 대해 감사드릴 때, 우리는 이 모든 감사와 기억의 내용은 다름 아니라 그리스도라는 사실을 발견하지 않을 수 없다. 모든 기억이 궁극적으로 그리스도를 기억하는 것이며, 모든 감사는 최종적으로 그리스도로 인해 드리는 감사다. "그 안에 생명이 있었으니 이 생명은 사람들의 빛이라"(요 1:4). 성만찬의 빛 가운데서 우리는 그리스도야말로 존재하는 모든 것의 생명이요 빛이심, 하늘과 땅에 충만한 그 영광 자체이심을 보게 된다. 그분 외에 달리 우리가 기억해야 할 것, 감사해야 할 것은 아무것도 없다. 왜냐하면 모든 것이 그분 안에서 자신의 존재와 생명과 목적을 발견하기 때문이다. 그러므로 삼성창이 우리를 이 세상으로 하여금 영단번의 심판과 구원을 받게 한 그 사람, 그 밤, 그 사건으로 이끌어 주는 것은 너무도 자연스럽고 논리적이다. 이는 삼성창을 노래하고 장엄한 신적 영광을 고백했으니 이제 그런 것들을 떠나 성만찬 기도의 다음 항목인 기억의 기도로 넘어가는 것이 아니다. 그렇지 않다. 기억은 다름 아니라 우리 송영의 충만함이다. 여기서도 성만찬 자체가 우리를 모든 기억과 감사의 중심이요 내용이신 분께로 "자연스럽게" 이끌어 주는 것이다.

> 영광스런 위엄 가운데 계시는 주님,
> 주는 거룩하고 지극히 거룩하십니다.
> 주는 세상을 너무도 사랑하셔서
> 주의 독생자를 주셨고
> 그분을 믿는 자는 누구나
> 멸망하지 않고 영원한 생명을 얻게 하셨습니다.
> 그분은 오셔서 명함받은 모든 일을 우리 위해 다 행하셨고
> 잡히시던, 아니

세상에 생명을 주시기 위해

자신을 내어 주셨던 그 밤에

거룩하고 순결하며 죄 없으신 손으로 떡을 취하시고

감사드리시고, 그것에 축사하시고, 그것을 성별하신 후

그것을 그분의 거룩한 제자들에게 주시며 말씀하셨습니다.

받아 먹으라.

이는 죄 사함을 위해, 너희 위해 부서진 내 몸이다.

또한 이와 같이 식사 후에

그분은 떡을 들고 말씀하셨습니다.

이 전부를 마시라.

이것은 죄 사함을 위해 너희와 많은 이들을 위해 흘리는

새 언약의 내 피다.

하나님 앞에 설 때, 우리에게는 자신을 드리신 그리스도의 봉헌 외에는 기억할 것도, 하나님께 드릴 수 있는 것도 없다. 모든 감사, 모든 기억, 모든 봉헌은—즉, 인간과 세상의 삶 전체는—오직 그리스도의 봉헌 안에서 완성되기 때문이다. 그러므로,

이 구원의 명령과

우리 위해 일어난 이 모든 일들

그 십자가와 무덤과 삼일 만의 부활과

천국으로의 승천과, (성부 하나님의) 오른 편에 앉으신 것과

영광스럽게 다시 나타나실 것을 기억하며
우리는 이제 당신의 소유인 것들을
모두를 대신하여, 모두를 위해 당신께 봉헌드립니다……

승천

이 지점까지 성만찬은 그리스도 안에서 우리가 하늘로 오르는 것, "장차 올 세상" 속으로 들어가는 것이었다. 그리스도 안에서 모든 것을 하나님 께 드리는—그분만이 이 모두의 참 소유주이시며, 그 모두는 그분 안에 서 비로소 존재할 수 있는 것이므로—성만찬 봉헌 안에서, 이제 이 승천 움직임은 **마침**에 도달한다. 이제 우리는 하나님 나라의 유월절(paschal) 식탁에 도달한 것이다. 지금껏 우리는 모든 것, 곧 우리의 음식, 우리의 삶, 우리 자신, 세상 전체를 그리스도 안에서 그리스도로서—그리스도 자신이 우리의 삶을 취하셨고 또한 그분이 우리의 생명이시기에—봉헌 했다. 그런데 이제 이 모든 것이 다시 새로운 생명의 선물로—따라서 필 히 음식으로—우리에게 주어진다.

"이는 내 몸이다. 이는 내 피다. 받으라, 먹으라, 마시라……." 수세 대에 걸쳐 신학자들은 늘 똑같은 질문을 던져 왔다. 이것이 어떻게 가능 한가? 어떻게 이런 일이 일어나는가? 이러한 변모는 정확히 어떤 것인 가? 또 정확히 언제 그런 일이 일어나는가? 그리고 그런 일이 일어나는 원인은 무엇인가? 그 어떤 대답도 만족스러운 것은 없었다. 상징? 그러나 상징이란 무엇인가? 실체(substance)인가, 아니면 우유성(accidents) 인가? 그런데 우리는 성례를 시간이니 실체니 원인이니 하는 "이 세상"의 범주들로 축소시키는 그 모든 이론들을 접할 때마다 거기에 무엇인가 빠져 있다는 느낌을 갖게 된다.

그렇다. 무엇인가 빠져 있다. 그 신학자들은 성례에 대해 사고하면서도 예전에 대해서는 망각해 버렸기 때문이다. 학문적 연구자로서 신학자는 자신의 연구 대상을 따로 끄집어내어 그것을 하나의 순간으로, 하나의 "현상"으로 축소시키기 마련이다. 그러고 나서, 일반적인 것에서 특수한 것으로, 기지(既知)의 것에서 미지의 것으로 진행하면서 어떤 정의를 제시한다. 실은 그 정의는 대답해 주는 것보다 더 많은 질문들을 일으키기 마련이다. 그런데 지금까지 우리가 살펴본 바에 따르면, 중요한 사실은 이 성만찬 예전은 그 전체 예전이 성례적이라는 사실이었다. 즉, 그 예전 전체가 하나의 변모시키는 행위요 하나의 승천 움직임이었다. 이러한 승천 움직임의 목적은 다름 아니라 우리를 "이 세상"으로부터 데리고 나와, **장차 올 세상**의 참여자들로 만드는 것이었다. **지금 이 세상**—그리스도를 정죄했고, 그렇게 함으로써 자기를 정죄한—에서는 그 어떤 떡도 포도주도 그리스도의 몸과 피가 될 수 없다. 이 세상의 **일부**인 것은 그 어떤 것도 "신성화"될 수 없다. 그러나 교회의 예전은 '아나포라', 즉 드높이는 행위, 하늘로 오르는 행위다. 교회가 교회됨을 이루는 곳이 천국이다. 즉, 그리스도께서 그분의 죽음과 부활과 승천을 통해 시작하셨고, 오순절에 교회의 생명으로서 교회에 주어졌으며, 지금 교회가 향해 가고 있는 "목적지"로서의 **새로운 시대**(new eon) 말이다. 이 세상에서 그리스도는 못 박히셨고, 그분의 몸은 깨어졌으며, 그분의 피가 흘려졌다. 따라서 장차 올 세상의 참여자가 되기 위해서는 이 세상 밖으로 나가야 한다. 우리는 그리스도 안에서 하늘로 올라가야 한다.

그러나 이 새로운 세상은 하나님이 창조하셔서 우리에게 주신 이 세상과 다른 "별개의"(other) 세상은 아니다. 이는 그리스도 안에서 **이미 완진해진**, 그러나 우리 안에서는 아직 그렇지 못한 동일한 세상이다. 그리스도가 자신으로 "만물을 충만케 하시는"(엡 1:23) 곳은 지금과 동일한, 그러나 구속되고 회복된 세상이다. 그리고 하나님은 우리를 위한 음식으로서 세상을 창조하셨고, 그분과의 교통, 그분 안에서의 삶을 위한 수단으로서 우리에게 음식을 주셨다. 그러므로 우리가 하나님 나라에서 하나님으로부터 받는 그 새로운 생명의 새 음식은 다름 아닌 **그리스도 자신**이다. 그분이 우리의 떡이다. 처음부터 우리의 모든 배고픔은 그분을 향한 배고픔이었고, 우리의 모든 떡은 다만 그분을 가리키는 상징이며, 그분 자신이 그 상징의 실재이기 때문이다.

그분은 사람이 되셔서 이 세상에서 사셨다. 그분은 먹고 마셨다. 이것은 그분이 참여하신 이 세상, 이 세상의 음식이 그분의 몸이 되고 그분의 생명이 되었음을 뜻한다. 그런데 그분의 삶은 철저히, 절대적으로 **성만찬적**이었다. 그 삶은 하나님과의 교통으로 변모되었고, 하늘로 올려졌다. 이제 그분은 이 영화롭게 된 삶을 우리와 더불어 나누신다. "내가 홀로 행한 일을, 이제 나는 네게 준다. 받으라, 먹으라……."

앞서 우리는 그리스도를 기억하며 떡을 봉헌했다. 이것은 우리가 그리스도가 참 생명이며 모든 음식은 우리를 그분께로 인도해야 한다는 것을 알았기 때문이었다. 이제 그분의 손에서 이 떡을 받는 지금, 우리는 그분이 모든 삶을 들어 올리셨으며, 삶을 그분 자신으로 충만케 하셨고, 삶을 본연의 삶으로, 즉 하나님과의 교통, 그분의 현존과 사랑의 성례로 만드셨음을 깨닫는다. 하나님 나라 안에서 우리는 비로소 성 바실리우스와 더불어 이렇게 고백할 수 있다. "실제로 이 떡은 우리 주님의 보배로운 살이며, 이 포도주는 그리스도의 보배로운 피다." 여기 이 세상에서는 "초자연적인" 것이 거기 하나님 나라에서는 "자연적인" 것으로 계시되는 것이다. 교회가 예전 안에서 교회됨을 이루는 것은, 우리를 "거기로" 인도하고 우리를 참된 우리가 되게 하려는 것이다.

성령

떡을 그리스도의 몸으로, 포도주를 그리스도의 피로 현시(顯示)하는 분은 성령이시다(성 바실리우스의 예전을 참조하라. "……이 떡이 실제 그 보배로운 몸인 것을…… 이 잔이 실제 그 보배로운 피인 것을 현시하여 주소서……"). 정교회는 늘 성만찬 성물의 **변모**(*metabole*)가 제정의 말씀이 아니라 '에피클레시스'(*epiclesis*)—성령 임재를 기원하는 기도—를 통해 성취된다고 주장해 왔다. 그러나 이 교리는 흔히 정교회 안에서도 오해되곤 했다. 이 교리의 취지는, 어떤 "원인"—제정의 말씀—대신 다른 원인을, 다른 "경문"을 제시하려는 것이 아니다. 이것은 성례의 종말론적 성격을 계시해 주는 것이다. 성령은 오순절의 "끝 날 곧 큰 날"(요

7:37)에 임하신다. 성령은 하나님 나라를 시작시키신다. 성령은 늘 우리를 **저 너머**로 데려가신다. 성령 안에 있다는 것은 천국에 있다는 것을 의미한다. 하나님 나라는 곧 "성령 안에 있는…… 평강과 희락"이기 때문이다(롬 14:17). 성만찬에서 우리의 천국 승천을 **인치고 확증하시는** 분, 교회를 그리스도의 몸으로 변모시키고, 그렇게 함으로써 우리가 봉헌한 성물을 **성령 안에서의 교통**으로 현시하시는 분은 성령이시다. 이것이 바로 축성이다.

중보기도

그러나 우리가 천상의 음식에 참여하기 전, 마지막으로 우리가 해야 할 절대적으로 필수적인 행위가 하나 남아 있다. **중보기도**(intercession)가 그것이다. 그리스도 안에 있다는 것은 그분처럼 된다는 것이고, 그분의 삶의 움직임을 우리 것으로 삼는다는 뜻이다. 따라서 그리스도는 "자기를 힘입어 하나님께 나아가는 자들을" 위해 "항상 살아 계셔서 그들을 위하여 간구"하시는 분이시므로(히 7:25), 우리 역시 그러한 중보의 삶을 우리의 삶으로 받아들이지 않을 수 없다. 교회는 이 세상에서 도피하여—집단적으로든 개인적으로든—영원의 신비스러운 황홀경을 맛보려는 이들을 위한 단체가 아니다. 우리는 그리스도의 잔을 마시는 이들이다. 그분은 세상의 생명을 위해 자기 자신을 내어 주신 분이다. 성반(聖盤, 성체를 담아 두는 쟁반 또는 쟁반 모양의 제구—편집자) 위의 떡과 성작(聖爵, 포도주를 담는 잔—편집자) 안의 포도주는 우리에게 하나님 아들의 성육신과, 십자가와 죽음을 상기시켜 준다. 이렇게 하나님 나라의 기쁨은 우리로 하여금 세상을 **기억하고** 세상을 위해 기도하도록 만든다. 성령과의 교통은 우리로 하여금 그리스도의 사랑으로 세상을 사랑할 수 있도록 만든다. 성만찬은 일치의 성례이며, **진리의 순간**이다. 성만찬에서 우리는 세상을 특정하고 제한적이며 부분적인 관점으로가 아니라, 그리스도 안에서 실제 모습 그대로 보게 된다. 중보는 바로 여기서, 이 메시아적 향연의 영광 안에서 시작되며, 바로 여기에 교회 선교의 참된 시작이 있다. 우리가 "모든 세상 근심을 버리고" **이 세상**을 떠난 것처럼 보이는 바로 그때가 실은 이 세상의 참 실재를 회복하는 시간이다.

중보는 이처럼 성찬 참여를 위한 유일한 참된 준비다. 성찬 참여를 통해 우리는, 단순히 하나의 몸과 하나의 정신이 되는 것이 아니라 세상이 잃어버린 연대성과 사랑으로 회복되기 때문이다. 그리고 성만찬 기도는 마지막으로 주님의 기도에서 종합되는데, 그 기도의 간구들은 모두 우리가 세상 속에서 하나님 나라에 전적으로 온전히 헌신할 것을 내포하고 있다. 그 기도는 **그분의** 기도이다. 그분의 아버지를 우리의 아버지가 되게 해주셨듯이, 그분은 그분의 기도를 우리에게 **주셔서** 우리의 기도가 되게 하셨다. 이 성찬 참여를 받을 만한 "자격"이 있는 사람, 받을 "준비"가 되어 있는 사람은 아무도 없다. 이 순간 모든 자격, 모든 의(義), 모든 신심은 그저 아무것도 아닌 것이 될 뿐이다. 삶은 다시 **선물**로서, 전적 무상(無償)의 신적 선물로서 우리에게 다가온다. 이것이 바로 정교회에서 성만찬 성물을 거룩한 선물(Holy Gifts)이라고 부르는 이유다. 아담이 이제 무(無)로부터 나와 다시 낙원에 들어가 창조물 중 왕으로 등극하는 것이다. 일체가 무상이고, 일체가 선물로서 주어진다. 그러므로 가장 큰 겸손과 순종은 다름 아니라 그 선물을 **받아들이는** 것, "예"라고—기쁨과 감사와 더불어—말하는 것이다. 우리가 **할 수 있는** 것은 아무것도 없다. 다만 우리는 하나님이 영원 전부터 원하셨던 **성만찬적인 존재**가 되는 것이다.

떠남

이제 우리가 **세상 속으로 되돌아가야** 하는 시간이 이른다. 제단을 떠나면서 집례자는 "평화 가운데 떠납시다"라고 말한다. 이것이 예전의 마지막 **명령**이다. 다볼 산에 있는 것이 좋더라도 우리는 거기에 머물러서는 안된다(마 17장 참조). 우리는 되돌려 보내진다. 그러나 이제 "우리는 참 빛을 보았고, 우리는 천상의 영을 받았습니다." 이제 우리는 이 빛의 증인으로서, 성령의 증인으로서 "나가야" 하고 교회의 끝없는 선교를 시작해야 한다. 성만찬은 여정의 **마침**이었고, 시간의 마침이었다. 그러나 이제 다시 **시작**이 왔고, 전에 불가능했던 것들이 이제 다시 우리에게 가능한 것으로 계시되었다. 세상의 시간은 이제 교회의 시간, 구원과 구속의 시간이 되었다. 폴 클라우델(1868-1955년, 프랑스 시인)이 말했듯이, 하나님은 우리에게 **힘을 주셨다**. 그분의 증인이 될 수 있는 힘, 그분이 행하셨고 또 행하고 계신 일을 성취할 수 있는 힘을 주셨다. 이것이 성만찬의 의미다. 이것이 바로 교회의 선교가 승천의 예전에서 시작하는 이유다. 오직 그때 비로소 선교의 예전이 가능해지기 때문이다.

3
선교의 시간

시간 경험

주일 성만찬 후 교회를 떠날 때 우리는 다시금 시간 속으로 들어간다. 시간은 우리 기독교 신앙과 행동의 첫 번째 "대상"이다. 시간은 실로 우리의 근본적 현실, 우리 삶—삶으로서의 삶, 죽음으로서의 삶—의 명암 모두에 대한 아이콘이기 때문이다. 한편으로 우리는 시간을 통해 삶을 가능성, 성장, 성취, 미래를 향해 가는 움직임으로서 경험한다. 그러나 다른 한편으로는, 시간을 통해 모든 미래는 죽음과 절멸 속에서 용해되어 사라진다. 시간은 삶의 유일한 실재이지만, 동시에 그것은 기묘하게도 존재하지 않는 실재다. 즉, 그것은 끊임없이 삶을 녹여 없앤다. 더 이상 존재하지 않는 과거 속에서, 또 늘 죽음으로 이어지는 미래 속에서.

시간 그 자체는 다만 저 멀리 뻗어 있는 전신주의 전화선일 뿐이다. 그 선 어느 지점에서 우리는 각자 죽음을 맞이한다.

모든 세대, 모든 철학자들은 이러한 시간의 불안성과 역설을 인식해 왔다. 모든 철학, 모든 종교는 궁극적으로 이 "시간의 문제"를 해결하기 위한 시도였다. 그리고 이 문제에 대해 기독교 안팎 그동안 수천 권의 책이 쓰여졌다. 이 책의 목적은, 그런 기존의 책에 또 한 권의 "시간에 대한 신학"을 보태려는 것이 아니다. 우리의 목적은 그리스도인들이 처음부터 가져왔던, 또 지금도 교회 안에서 주어지고 있는 시간 경험에 대해 간략히 묘사하려는 것이다. 여기서도, 교회가 주는 것은 어떤 철학적 문제에 대한 "해답"이 아니라 선물이다. 이 선물은 그것이 주어질 때처럼 자유롭고 기쁘게 받아들여질 때, 해답이 된다. 아니 그보다는, 그 선물의 기쁨은 그 문제와 해답 모두를 불필요한 것으로, 무의미한 것으로 만들어 버린다고 할 수 있다.

시간의 문제

그 선물이 어떤 것인지를 이해하기 위해 우리는 다시금 예전으로 돌아가 잊혀진 언어에 대한 해독을 시도하고자 한다. 과거에는 그리스도인들의 주된 관심사였으나, 오늘날은 "예전학자"라 불리는 특이하고 기이한 사람들을 제외하면 누구도 흥미를 갖지 않는 것들이 있다. 바로 축일과 절기들, 기도 주기, "카이로스"(*kairos*)—예전적 경축의 시간—에 대한 진지한 관심 등이 그것이다. 일반 평신도들뿐 아니라 신학자들마저 이런 생각을 갖고 있는 듯하다. 기독교적 "상징성"(symbolism)의 세계는 이미 지나갔다. 그것은 완전히 허물어졌고 지나간 과거가 되었으며, 지금 우리에게는 관심을 가져야 할 보다 중요한 문제들이 있다. 가령 부활절이니 오순절이니 주일 등에 대한 이야기를 꺼내서 현대 삶의 진짜 "문제들" 해결하려고 드는 것은 생각할 수도 없는 우스꽝스런 일일 뿐이다.

그러나 이 지점에서 우리가 던져야 할 몇 가지 질문이 있다. "상징들"은 단순히 "상징적"인 것에 불과할까? 그런 상징들이 허물어진 것은, 다름 아니라 상징의 참된 본질을 이해하지 못하게 된 그리스도인들이 거기에 붙여 놓은 상징적 가치 때문은 아닐까? 그리스도인들이 상징의 참된 본질을 이해하지 못하게 된 것은, 어쩌면 어느 때부터 (여기서는 이에 대해 상세히 설명할 시간이 없지만) 그리스도인들이 "종교"를 시간과 무관한 것으로, 실은 시간으로부터 구원받는 것으로 생각하게 되었기 때문은 아닐까? 옛 "상징들"을 단순히 지나간 것으로 치부해 버리기 전에 먼저 우리가 이해해야 할 것이 있다. 기독교의 진짜 비극은 기독교가 세상이나 진보적 "유물론"과 "타협"했기 때문이 아니라, 오히려 그 반대로 기독교가 "영성화"되고 "종교"로 변모되었기 때문이라는 사실이다. 이처럼 종교는—우리가 이미 알고 있듯이—이제 순수한 영성의 세계, "영혼"과 관련된 문제들에 대한 몰두 등을 의미하게 되었다. 그리스도인들은 시간을 완전히 거부하고 대신 신비주의나 "영적" 추구에 몸담으라는 유혹을 받았던 것이다. 시간 바깥으로 나가 삶의 좌절로부터 도피하라는 유혹, "시간 너머"에 있는 하나님 나라의 관점에서 시간은 실제 무의미하다고 여기라는 유혹 말이다. 이 유혹은 마침내 성공을 거두었다. 이제 그리스도인들은 시간이 온갖 기독교적 "상징들"로 채워져 있기는 하지만 근본적으로는 무의미한 것이라 여기고 있다. 오늘날 그리스도인들은 이러한 상징들을 어떻게 다뤄야 할지 모르고 있다. "성탄절에 다시 그리스도를 모셔 들이는 것"은 불가능하기 때문이다. 만일 그분이 정말 시간 자체를 구속하신―즉, 의미 충만한 것으로 만드신―것이 아니라면 말이다.

우리는 시간과 그 "문제"에 대한 현대 세계의 가히 병적이라 할 수 있는 과도한 집착이 이처럼 그리스도인들의 실패에 뿌리를 두고 있다는 사실을 이해해야 한다. 우리가 살고 있는 이 세상에 말 그대로 시간이 없게 된 것은 우리 그리스도인들 때문이다. "시간을 절약해 주는" 장치들을 발명하면 할수록, 사실 우리의 시간은 점점 더 없어져 가지 않는가? 기쁨 없는 분주한(rush) 생활 중간 중간에 이른바 휴식(relaxation) 시간이 있기는 하다("잠시 휴식!") 그러나 참으로 악마적인 단어인 "휴식" 시간은 어찌나 낯설고 두려운 빈 공간을 만들어 내는지, 그 시간을 견뎌 내기 위해 사람들은 마약을 먹거나 그 시간을 죽일 수 있는 방법이 적힌 비싼 책들을 산다. 이것이 소위 "현대인의 삶"이다.

이 세상이 시간이 없는 곳이 된 것은, 한편으로 기독교가 인간을 더 이상 옛 자연적 시간 속에서 살지 못하도록 만들어 버렸기 때문이다. 기독교는 영원 회귀라는 원을 회복 불가능하리만큼 완전히 부서뜨려 놓았다. 기독교는 시간의 충만을 선언했고, 시간은 역사이며 성취임을 계시했으며, 그로써 인간 속에는 의미가 충만한 시간을 향한 영원한 꿈이 주입되었다. 그러나 시간이 없어지게 된 또 다른 원인은, 기독교가 이 모든 것을 선언했음에도 시간을 포기해 버렸고, 그리스도인들에게 그저 시간을 떠나라고, 영원을 그저 영원한 안식("휴식"까지는 아니더라도) 정도로 생각하라고 부추겨 왔기 때문이다. 물론 우리는 의미를 잃어버린 이 시간을 "아름다운 상징들"과 (이왕이면 고대의) "다채로운 제의들"로 치장할 수는 있다. 우리는 정규적으로—"전례 법규들"을 참조하면서—예전 예복의 색깔을 바꿔갈 수도 있고, 부활절이나 성탄절이나 주현절 등에는 늘 같은 설교에 색다른 맛을 가미할 수도 있다. 그러나 이 모든 일들이 "영감을 줄" 일들일 수는 있으나, 진짜 사람이 살아가는 진짜 시간에 대해서는 어떠한 의미도 주지 못한다. 그 시간—혹은 시간의 부재—속에서 그의 삶은 여전히 "분주"와 "휴식"이 교차하는 악몽일 뿐이다.

따라서 우리의 질문은 이것이다. 그리스도, 하나님의 아들이신 그분이 주(週)의 첫째 날 죽은 자들 가운데서 일어나신 것과 그분의 성령이 오순절 날 임한 것, 다시 말해 그분이 시간 속으로 들어오신 것이 우리로 하여금 단순히 시간을 근사한 경축 의식들로 "상징화"하라는 뜻이었을까? 날짜와 시간표는 있지만, 시간에 진정한 의미를 주고 시간을 변모시키고 구속시킬 수 있는 힘은 없는 경축 의식들로 말이다.

축일

처음부터 그리스도인들에게는 그들의 날이 있었다. 그날의 독특한 성격을 이해할 때 기독교적 시간 경험을 이해하는 열쇠를 얻을 수 있다. 그러나 그렇게 하기 위해서는 일요일을 강제적 휴일로 제정해서 유대교 안식일에 대한 기독교적 대체물로 만들었던 콘스탄티누스 황제의 법 제정 이전으로 거슬러 올라가야 한다. 그 후로 주일(the Lord's day)의 고유하고 역설적인 의미가 점점 잊혀져 왔기 때문이다. 주일의 의미는 본래 안식일, 즉 시간에 대한 성경의 이해로부터 나온 것이었다. 유대교의 종교적 경험에 있어서 안식일 곧 주의 일곱 번째 날은, 실로 막대한 의미를 가진 날이었다. 그날의 의미는 인간이 하나님의 선한 창조에 참여하는 것이요 그것을 긍정하는 것이었다. "하나님이 보시기에 좋았더라.……하나님이 그 일곱째 날을 복되게 하사 거룩하게 하셨으니 이는 하나님이 그 창조하시며 만드시던 모든 일을 마치시고 그날에 안식하셨음이니라"(창 1:25; 2:3). 주의 일곱 번째 날은 이처럼 하나님이 좋게 창조하신 세상을 기쁨 가운데 받아들인다는 의미였다. 그날에 규정된 쉼은, 후에 점차 사소한 율법적 규정들과 터부들로 의미가 퇴색되기는 했지만, 우리 현대인들이 말하는 "휴식", 즉 일을 안 한다는 의미로서의 쉼이 결코 아니었다. 그것은 "안식의 즐거움", 모든 일의 열매, 모든 시간의 절정으로서의 신적 평화의 신성함과 충만함에 대한 적극적인 참여를 의미했다. 그것은 우주적이자 종말론적인 뜻을 내포한 쉼이었다.

그러나 유대인들이 그 일곱 번째 날에 감사하는 이 "좋은" 세상은, 또한 하나님을 거스르는 죄와 반역의 세상이기도 하며, 이 세상의 시간은 인간이 하나님을 떠나 멀리 유랑하고 있는 시간이기도 하다. 그러므로 그 일곱 번째 날은 그 날을 넘어 어떤 새로운 주의 날―구원과 구속의 날, 하나님이 모든 원수들을 이기고 승리하시는 날—을 지시해 주는 날이었다고 할 수 있다. 후대 유대교의 묵시 문헌들을 보면 여덟째—즉, 이 세상의 시간인 "일곱"의 좌절과 한계를 뛰어넘는—날이자 동시에 첫째 날인 새로운 날에 대한 사상이 등장한다. 그날은 하나님 나라의 시간이 시작되는 새로운 날이다. 기독교의 주일은 바로 이러한 사상에서 나온 것이다.

그리스도는 안식일 후 첫째 날 죽은 이들 가운데서 일어나셨다. 그 무덤으로부터 비쳐 나온 그 생명은 "일곱", 즉 죽음으로 귀결되는 피할 수 없는 시간의 한계를 뛰어넘는 생명이었다. 이는 새로운 생명과 새로운 시간의 시작이었다. 그날은 참으로 여덟째 날이자 첫째 날이었고, 그날은 교회의 날이 되었다. 제4복음서에 따르면, 부활하신 그리스도는 주의 첫째 날(요 20:19)과 그 후 "여드레 뒤에"(요 20:26) 제자들에게 나타나셨다. 그러므로 이날은 교회가 성만찬, 곧 하나님 나라로 올라가 "장차 올 세상"의 그 메시아적 향연에 참여하는 성례를 행하는 날, 교회가 새로운 생명으로서의 자신을 성취하는 날이 되었다. 가장 초기의 문서들은 그리스도인들이 어떤 정해진 날(statu die)에 모임을 가졌다고 말하는데, 기독교의 오랜 역사 속에서 그 어떤 것도 이 정해진 날의 중요성을 변경시킬 수 없었다.

어떤 "정해진 날." 만일 기독교가 순전히 "영적"이고 종말론적인 신앙이었다면 어떤 "정해진 날"이 있어야 할 필요는 없었을 것이다. 왜냐하면 신비주의는 시간에 대해 무관심하기 때문이다. 사람의 영혼을 구원하는 일에는 "달력"이 필요하지 않다. 한편으로 기독교가 그저 하나의 새로운 "종교"였다면, 다른 종교들처럼 "거룩한 날"과 "속된 날"—"지켜야 할" 날과 종교적 가치가 없는 날—을 구분하는 달력을 만들었을 것이다. 물론 이러한 구분이 후대에 생겨난 것은 사실이다. 그러나 이는 전혀 "정해진 날"의 본래의 의미가 아니었다. 그날의 본래 취지는 "거룩한 날"을 속된 날들과 구분시키는 것도, 과거의 어떤 사건을 때마다 기념하자는 것도 아니었다. 그날의 참된 의미는 시간을 변모시키려는 것이었지, 달력을 바꾸려는 것이 아니었다. 한편으로 일요일은 여전히 여느 날(3세기가 넘도록 그날은 휴일이 아니었다), 주간의 첫날, 온전히 이 세상에 속하는 날이었기 때문이다. 그러나 또 한편으로 그날은, 성만찬 승천을 통해 주님의 날(the Day of the Lord), 이 세상의 마침과 장차 올 세상의 시작인 그날의 영광과 변모시키는 힘이 온전히 계시되고 현시되는 날이기도 했다. 이처럼 그 한 날을 통해 모든 날과 모든 시간은 기억과 기대의 시간, 이 승천("우리는 참 빛을 보았습니다")을 기억하고 또 그 장차 올 승천을 기대하는 날로 변모되었다. 모든 날, 모든 시간은 이제 "자연적" 삶의 마침이자 새로운 삶의 시작인 이날을 통해 의미를 갖게 되었다. 이제 주(週)는 더 이상 일련의 "속된" 날들이 있고 그 끝에 "신성한" 휴일이 오는 것이 아니었다. 이제 한 주간 한 주간은 다볼 산에서 내려와 세상 속으로 들어가는, 이 세상으로부터 장차 올 세상의 "저물지 않는 날"을 향해 가는 움직임이었다. 이제 매일, 매시간은 전에는 가질 수 없었던 중요성과 무게를 갖게 되었다. 각 날은 이 움직임의 한 걸음, 결단과 증언의 순간, 궁극적 의미를 가진 시간이 되어야 했다. 일요일은 다른 날들과 구분되어 "지켜야" 하는 어떤 "신성한" 날이 아니었다. 이는 시간의 흐름 속에 "무시간적"인 신비의 황홀경이 끼어드는 것이 아니었다. 무의미한 낮과 밤의 연속을 잠시 "깨뜨려 주는"(break) 것도 아니었다. 그날은 일상적인 날 가운데 하나로 남아 있음으로써, 그러나 동시에 성만찬을 통해 여덟째이자 첫째 날로 계시함으로써, 모든 날을 참으로 의미 있는 날로 만들었다. 그날은 이 세상의 시간을 마침의 시간이자 시작의 시간으로 만들었다.

교회력

이제 우리는 기독교적 시간 경험의 두 번째 차원에 대해 살펴보려 한다. "교회력"(Christian year)이 바로 그것이다. 사실 교회력은 주일보다 설명하기가 더 어려운 주제다. 왜냐하면 현대의 그리스도인들은 "교회력"과 시간의 관계를 도무지 이해하지 못하기 때문이다. 물론 지금도 교회는 특정 날짜가 되면 과거의 특정 사건들—그리스도의 탄생, 부활, 성령강림 등—을 기념한다. 그러나 이런 날들은 신학적 언명들에 대한 예전적 "예증"일 뿐, 그 자체로는 실제 시간에 대해 어떠한 관련이나 의미도 갖고 있지 못하다. 교회 안에서도 그것들은 교회의 정규 활동 사이사이의 "잠깐의 휴식 시간" 정도로 여겨질 뿐이며, 일 중심적, 활동 중심적 사고를 가진 많은 그리스도인들은 은연중에 이러한 축일들과 예식들을 시간 낭비로 여긴다. 설령 그런 날들을 쉼과 "휴가"를 위해 덧붙여진 시간으로 환영하는 그리스도인들이라도, 그것들을 교회의 삶과 선교의 핵심이라고 진지하게 생각하는 사람은 아무도 없다. 다시 말해, 축일이라는 개념 자체가 현재 심각한 위기에 처해 있다. 따라서 우리는 교회력에 대한 간단한 토의에서 시작해야 한다.

축일(feast)은 기쁨을 뜻한다. 그런데 세상의 쓴맛을 알고 언제나 심각한 20세기의 성인(成人) 그리스도인들에게, 기쁨은 늘 의심스러운 그 무엇이다. 우리는 생각한다. 그토록 많은 사람들이 고통을 겪고 있는데 어떻게 우리가 기쁨을 누릴 수 있단 말인가? 해야 할 일이 이토록 산적해 있는데 말이다. 사람들은 자신의 문제에 대한 "진지한" 해결책을 우리에게 기대하는데, 어떻게 우리가 한가하게 축일이나 예식 등에 몰두할 수 있단 말인가? 의식적으로, 혹은 잠재적으로 우리 그리스도인들은 기쁨 없는 현대 문화, 일 중심적 문화의 에토스(*ethos*)를 받아들였다. 그들은 "진지한" 이들―즉, 현대인들―에게 "진지하게" 여겨질 수 있는 유일한 길은 진지해지는 것이며, 따라서 축일의 기쁨이 과거에 아무리 교회의 삶에서 중대한 것이었다 해도 이제는 상징적 "최소"(minimum)로 축소되어야 한다고 믿는다. 현대세계는 기쁨을 "재미"와 "휴식"의 범주로 격하시켜 버렸다. 이제 기쁨은 "여가 시간"에 정당화되고 허락되는 그 무엇이다. 그것은 용인되고 허용되는 그 무엇일 뿐이다. 그리스도인들마저 이렇게 믿게 되었다. 아니, 그들은 축일과 기쁨이 실은 삶의 "진지한 문제들"과 관계된 것이며 어쩌면 바로 그것이 그런 문제들에 대한 기독교적 해답 자체일 수 있음을 믿기를 포기해 버린 것이다. 이러한 내포된 영적·문화적 의미들로 인해 "교회력"―예전적 기념과 예식의 연속―은 능력의 발전소이기를 그쳐 버렸고, 이제는 종교를 치장하는 고풍스런 장식물 정도로 여겨지기에 이르렀다. 이제 교회력은 종교 교육을 위한 일종의 "시청각" 교재로 사용될 뿐, 더 이상 그리스도인의 삶과 행동의 뿌리도 아니며 그들이 향해 가야 할 "목적지"도 아니다.

축일의 참된 본질과 "기능"을 이해하기 위해서는, 먼저 기독교가 축일이나 예식 등이 사람들의 세계관과 생활양식에 유기적이고 필수적인 일부였던 문화권에서 처음 탄생했고 전파되었다는 사실을 기억할 필요가 있다. 당시 사람들에게 축일은 부수적이거나 "부차적인" 무엇이 아니라, 자신의 삶에 의미를 부여하는 방식, 일과 쉼의 동물적 리듬으로부터 자신의 삶을 해방시키는 방식이었다. 축일은 일이라는 무의미하고 고된 삶의 연속을 가끔씩 깨뜨려 주는 "잠깐의 휴식 시간"이 아니라, 일의 정당화이자 열매였다. 말하자면 일의 기쁨으로의—따라서, 자유로의—성례적 변모였다. 축일은 이처럼 시간, 시간의 자연적 주기, 세상에서의 인간의 삶 전체 틀과 깊고 유기적인 관계를 맺고 있는 것이었다. 우리들의 개인적 기호와 상관없이, 기독교는 축일이라는 인간의 근본 현상을 받아들였고 자기 것으로 삼았다. 왜냐하면 인간의 모든 것, 그의 필요 전체를 받아들이고 자기 것으로 삼는 것이 기독교의 본질이기 때문이다. 그러나 다른 모든 것에 대해서도 그러하듯이, 그리스도인들은 축일을 받아들이되 단순히 그것에 어떤 새로운 의미를 주거나 그 "내용"을 변화시켰던 것은 아니다. 그들은 "자연적" 인간의 모든 것과 더불어, 축일 역시 죽음과 부활을 거치도록 만들었다.

앞서 말한 대로, 기독교는 한편으로는 모든 자연적 기쁨의 마침이다. 기독교는 자연적 기쁨의 불가능성, 허망함, 비애를 계시했다. 기독교는 완벽한 인간을 계시함으로써 하나님으로부터 소외된 인간의 현실과 그 다함없는 비애의 심연을 계시해 주었기 때문이다. 그리스도의 십자가는 모든 "자연적" 즐거움의 마침을 나타내 주는 것이었다. 십자가는 실제 그러한 즐거움을 불가능한 것으로 만들어 놓았다. 이러한 관점에서 보자면, 현대인의 비애에 젖은 "심각한" 태도는 분명 기독교적 기원을 가진 것이다. 비록 그들 자신은 이러한 기원을 잊었을지라도 말이다. 복음이 이 세상에 전파된 이래, 순전한 "이교적 기쁨"을 되찾고자 했던 모든 시도들, 모든 "르네상스들", 모든 "건강한 낙천주의들"은 다 실패로 돌아갈 수밖에 없었다. 레온 블로이(1846-1917년, 프랑스 작가이자 가톨릭 개혁 사상가)는 "슬픔에는 다만 한 가지가 있을 뿐이다"라고 말했다. "성인(聖人)이 되지 못했다는 슬픔이 그것이다." 모든 기쁨을 죽이고 있는 것은 바로, 세상의 삶 전체에 신비스럽게 스며들어 있는 슬픔, 여기서 비롯되는 완전을 향한 그 모든 광적이고 병적인 갈망과 갈증이다. 기독교는 우리가 자연적 주기들—추수와 초승달—을 즐거워하지 못하도록 만들어 놓았다. 기독교는 완전한 기쁨을 다가갈 수 없는 미래의 것으로—즉, 모든 일의 목적이자 마침으로—만들어 놓았기 때문에, 이제 인간의 모든 삶은 "노고"와 "일"이 되어 버렸다.

그러나 다른 한편으로 기독교는, 기쁨의 계시이자 선물, 곧 진정한 축일의 선물이다. 매주 토요일 밤 부활 철야 예배 때에 우리는 노래한다. "이는 십자가를 통해, 기쁨이 온 세상 속으로 들어왔기 때문입니다." 이 기쁨은 진실로 순전한 기쁨이다. 이 기쁨은 이 세상 그 어떤 것에도 의존하지 않으며, 이 기쁨은 우리 자신이 행한 어떤 일에 대한 보상도 아니기 때문이다. 그것은 전적이고 절대적인 선물이며 "카리스"(*charis*), 곧 은혜다. 그처럼 순전한 선물이기 때문에, 이 기쁨에는 변모시키는 힘이 있다. 이것은 이 세상에서 진정한 변모를 일으킬 수 있는 유일한 힘이다. 이는 교회의 삶—믿음과 소망과 사랑—에 대한 성령의 "인치심"이다.

부활절과 오순절

"십자가를 통해 기쁨이 온 세상 속으로 들어왔도다." 이 기쁨은 일부 사람들에게 사적인 기쁨으로 온 것이 아니다. 앞서도 말했지만, 만일 기독교가 순전히 "신비주의"나 "종말론"이었다면, 축일이나 예식 등은 전혀 필요 없었을 것이다. 거룩한 영혼은 시간으로부터 자유로워진 존재인 만큼, 세상과 동떨어져 자신만의 비밀한 축일을 지킬 것이기 때문이다. 그러나 기쁨은 세상을 위해 교회에 주어졌으며, 이는 교회로 하여금 세상 속에서 그 기쁨의 증인이 되고 그 기쁨을 통해 세상을 변모시키도록 하려는 것이었다. 기독교 축일들의 "기능", 그날들이 시간에 속해 있는 의미는 바로 이것이다.

오늘 우리에게 부활절과 오순절—교회력을 참으로 의미 있게 만드는 두 기본적, 근본적 축일들로 우리의 논의를 한정시켜 본다면—은 주로 과거의 두 사건, 곧 그리스도의 부활과 성령의 강림 사건에 대한 연례 기념식을 뜻한다. 그러나 "기념식"이란 대체 무엇인가? 사실 교회의 삶 전체가 그리스도의 죽음과 부활에 대한 지속적인 기억이 아닌가? 교회의 삶 전체가 성령의 나타나심이 되라는 부름을 받은 것이 아닌가? 정교회에서는 매 주일이 부활의 날이며, 매 성만찬이 오순절이다. 사실, 축일을 역사적 기념식으로 이해하는 것—이는 콘스탄티누스 황제 이후 점차 나타난 이해다—은 이상하게 들릴지 모르지만, 축일의 처음 의미가 변질되었고 축일과 실제 시간과의 살아 있는 연결 관계가 끊어졌음을 의미한다. 한 예로, 오늘날 오스트레일리아에서는 부활절이 가을에 경축되는데, 아무도 이를 기이하게 여기는 이가 없다. 왜냐하면 수세기 동안 교회력은 시간 안에서 지켜져야 하는—"속된" 날들과 구분되었지만 그런 날들과 특별한 관계는 없는—거룩한 날들의 체계로 이해되어 왔기 때문이다.

그러나 초대교회가 유월절과 오순절이라는 유대교의 두 큰 축일을 채택하고 자신의 것으로 삼았던 것은, 그 축일이 그리스도의 부활과 성령 강림 사건을 상기시켜 주었기 때문이 아니라(그리스도의 부활과 성령 강림을 기억하는 것은 곧 교회의 삶 전체의 본질이었다), 그리스도 이전부터 이미 그 두 축일은 시간과 시간 속에서의 삶에 대한 기독교적 경험에 대한 선언이자 예기(anticipation)였기 때문이다. 교회는 그러한 경험의 현시이자 성취였다. 또 다른 이미지를 사용해 말해 보면, 그 축일들은 교회가 행하는 시간 성례(a sacrament of time)의 "재료"였다고 할 수 있다. 우리는 그 두 축일 모두 봄과 자연의 첫 열매에 대한 연례 경축 예식에서 기원했다는 것을 알 수 있다. 이러한 면에서, 그것들은 생명에 대한 기쁨으로서의 축일 표현들이었다. 그것들은 겨울의 죽음 후에 세상이 다시금 생명을 되찾고, 그래서 다시금 인간의 음식과 생명이 된 것을 경축하는 축일들이었다. 이 너무도 "자연적"이고 포괄적이며 우주적인 축일—생명 자체를 경축하는 축일—이 축일 사상과 경험이 변모되어 온 그 오랜 과정의 출발점이자 토대였다는 사실은 대단히 의미심장하다. 또한, 이러한 변모 과정에 있어서 각각의 새로운 단계는 그 전 단계를 폐하거나 단순히 대체한 것이 아니라, 그것을 보다 깊고 큰 의미 안에서 완성시켜 갔고, 마침내 그 전체 과정이 그리스도 안에서 절정을 맞게 되었다는 사실 역시 매우 의미심장하다. 자연적 시간의 신비, 즉 겨울에의 속박과 봄으로의 해방은, 역사로서의 시간의 신비, 즉 이집트에의 속박과 약속의 땅으로의 해방 안에서 성취되었다. 그리고 역사적 시간의 신비는 종말론적 시간의 신비로 변모되었다. 이제 시간은 유월절(passover), 곧 구원과 구속의 궁극적 기쁨 속으로 "옮겨 가는"(passage) 것, 하나님 나라의 완성을 향해 가는 움직임으로 이해되었다. "우리의 유월절"(고전 5:7)이신 그리스도께서 성부께로 옮겨 가는 자신의 일을 이루셨을 때, 그분은 이 모든 의미들—모든 차원에서의 시간의 움직임—을 다 취하시고 성취하신 것이다. 그리고 그분은 "오순절의 끝 날 곧 큰 날"에 새로운 시간, 성령의 새로운 "시대"(eon)를 시작하셨다.

이처럼 부활절은 과거의 어떤 사건을 기념하는 기념식이 아니라, 시간 그 자체, 우리가 살아가는 이 실제 시간의—해마다의—완성을 뜻한다. 인간은 늘 세 차원의 시간—자연의 세상, 역사의 세상, 기대의 세상—속에서 살아가는 존재이기 때문이다. 각각의 차원에서 인간은 내밀히 기쁨을 추구하며 살아간다. 인간은 자신이 아직 발견하지 못한 어떤 궁극적인 의미와 완전, 어떤 궁극적인 성취를 추구해 가는 존재다. 시간은 늘 우리에게 저 멀리 있는 어떤 축일, 어떤 기쁨을 지시해 주지만, 시간 자체는 우리에게 그것을 줄 수 없고 실현시켜줄 수 없다. 어찌나 의미를 필요로 하는 것인지 시간은 우리에게 무의미의 형식과 이미지가 되었을 정도다.

그러나 부활절 진야(Easter night)에 마침내 그 의미가 우리에게 주어진다. 이 의미는 "설명"이나 "기념"을 통해 주어지는 것이 아니다. 이 의미는 기쁨 그 자체의 선물로서, 하나님 나라의 새로운 시간에 참여하는 기쁨으로서 우리에게 주어진다. 이를 경험해 보기 위해 우리는 부활절 자정에 정교회에 가봐야 한다. 교회를 돌고 온 행렬이 이제 어둠 속에서 닫혀 있는 문 앞에 도착한다. 그리고 선언과 더불어 마침내 닫혔던 문들이 활짝 열린다. "그리스도가 부활하셨도다!" 파스카 경축 예식(Paschal celebration)이 시작되는 것이다. 닛사의 성 그레고리우스가 말한, 대낮보다 더 밝은 이 밤, 정교회가 "환한 밤"이라고 부르는 이 밤은 어떤 밤인가? 우리는 그 밤의 다양한 의식들을 묘사할 수도 있고, 그 문서들을 분석할 수도 있을 것이며, 무수한 세부사항들에 대해 논할 수도 있을 것이다. 그러나 결국 그 모두는 다 부차적일 뿐이다. 유일한 실재는 기쁨이며, 이 기쁨이 우리에게 선물로서 주어진 것이다.

너희 모두는 너희 주님의 기쁨 속으로 들어가라.
너희 부요한 자들아, 너희 가난한 자들아, 모두 그 축일 속으로 들어가라.
그 부요하신 인애를 받으라…….

그리고 아무도 자신의 가난을 슬퍼하지 말라.
이제 만민을 위한 하나님 나라가 계시되었기 때문이다.

그 전체 예배는 바로 이 기쁨에 대한 응답, 이 기쁨을 받아들이고 이 기쁨을 경축하며 이 기쁨의 실재를 긍정하는 것에 다름 아니다.

주님의 파스카(*Pascha*, 유월절).
죽음에서 생명으로
그리고 땅에서 하늘로
그리스도 우리 하나님이 우리를 인도하셨네…….

이제 만물은 빛으로 충만하도다.
하늘과 땅과, 땅 아래 있는 모든 곳들.
모든 창조세계가 그리스도의 부활을 경축하도다.
온 세상은 그분 위에 서 있으며…….

우리는 경축하네, 죽음의 죽음을
지옥의 멸망을
새롭고 영원한 삶의 시작을.
그리고 그 창시자께 우리는 환희 가운데 찬양을 노래하네…….
이는 택함받은 거룩한 날
안식일의 왕이자 주인인 날

축일 중의 축일이며 승리 중의 승리이며…….

오 그리스도, 크고 지극히 거룩한 유월절!
오 하나님의 지혜와 말씀과 능력!
우리로 주께 더욱 온전히 참여하게 하소서.
밤이 없는 주의 나라의 날에.

우리는 부활절을 "시간 성례"라고 불렀다. 그렇다. 그 밤에 주어지는 그 기쁨, 그 밤을 "낮보다 더 밝은" 밤으로 변모시키는 그 빛은 비밀한 기쁨이 되고, 모든 시간의 궁극적 의미가 되며, 한 해를 "기독교적인 해"(Christian year)로 변모시킨다. 부활절 전야가 지나면 아침이 오고, 또 다른 밤이 오며, 또 다른 새 날이 온다. 시간은 다시 시작된다. 그러나 이제 시간은 참으로 고유하고 "종말론적인" 기쁨의 경험으로 "안쪽"이 충만히 채워져 있다. 음울한 공장 벽에 비취는 한줄기 햇살, 어떤 이의 얼굴의 미소, 흐린 아침, 저녁의 피로. 이 모든 것들은 이제 이 기쁨에 관계되며, 그들 자신 너머를 가리킬 뿐 아니라 그 기쁨의 표지, 흔적, 비밀한 "현존"이 될 수 있다.

부활절 이후 50일 동안 우리에게는 파스카의 기쁨 속에 사는 삶, 시간을 축일로서 경험하는 삶이 주어진다. 그리고 그 후에 오순절의 "끝 날 곧 큰 날"이 오고, 그러면 우리는 다시 이 세상의 실제 시간으로 되돌아가게 된다. 그날의 만도(Vespers, 저녁기도) 시간에, 그리스도인들은 부활절 이후 처음으로 (예배 때) 무릎을 꿇게 된다. 밤이 다가오고 있기 때문이다. 시간과 역사, 매일의 분투, 노고와 유혹 등, 삶에서 우리가 져야 할 모든 짐들이 밤으로 우리에게 다가오고 있기 때문이다. 이제 부활절 절기는 끝에 이르렀다. 그러나 밤으로 들어가는 우리는 알고 있다. 그 끝이 시작으로 변모되었다는 것을, 그래서 이제 모든 시간은 오순절 이후의 시간이라는 것을 말이다. (이것이 바로 우리가 이때 이후부터 다음 부활절까지의 모든 주일들에 숫자를 매기는 이유다.) 이 시간은 하나님 나라의 기쁨이, 성령의 "평강과 기쁨"이 움직여 일하는 시간이다. "이제 갈라짐은 없으리라, 오 친구들이여! 그리스도가 말씀하셨다……."

이제 시간 자체가 이 끝과 시작의 리듬에 의해 측정된다. 끝이 시작으로 변모되며, 시작이 성취를 선언하는 이 리듬에 의해서 그리 된다. 지금 교회는 시간 속에 있고, 따라서 이 세상 속에서 교회의 삶은 금식, 곧 분투와 희생과 자기 부인과 죽어가는 삶이다. 또한 교회의 선교는 모든 사람들에게 모든 것이 되는 것이다. 그러나 만일 교회가, 무엇보다도 먼저 참 기쁨의 신적 선물, 성령의 향기, 하나님 나라 축일의 현존이 못 된다면, 어떻게 그러한 사명을 성취할 수 있겠는가? 어떻게 교회가 세상의 구원일 수 있겠는가?

만도

주(週)와 년(年)을 다루었으니 이제 날(日)에 대해 다룰 차례다. 하루는 시간의 1차 단위다. 주일과 부활절 경험에서 표현되는 시간의 신학은 바로 이 매일의 실제 삶에 적용되어야 한다. 물론 오래 전에 포기된 성무일과(daily services)가 회복될 가능성은 사실 많지 않다. 그러나 반드시 회복되지 않더라도 재발견되어야 하는 것은, 성무일과의 주제와 내용이었던(이론적으로는 지금도 그렇다) 교회와 각 그리스도인들이 하루 시간과 가졌던 관계다. 본래 성무일과는 "쉬는 시간"으로서의 기도 시간이나 영적 회복과 "마음의 평화"를 위해 가졌던 시간이 아니라, 참으로 예전적 행위, 곧 구속 사역의 본질적 일부로서 교회가 전체 공동체를 대신하여, 또 전체 공동체를 위해 행했던 행위였기 때문이다.

세속적인 시간 경험과는 대조적으로, 예전에서는 하루가 만도와 더불어 저녁때 시작된다. 물론 이것은 "저녁이 되고 아침이 되니 이는 첫째 날이니라"(창 1:5)는 성경 말씀이 회고된 것이다. 그러나 이는 단순한 회고 이상의 것이다. 왜냐하면 시간의 패턴과 의미를 계시해 주는 것, 시간에 실재를 부여해 주는 것은 다름 아니라 바로 시간의 각 "단위"의 끝이기 때문이다. 시간은 끊임없는 성장이다. 그러나 우리가 그 성장의 방향을 분별할 수 있고 그 열매를 볼 수 있는 곳은 바로 그 끝에서다. 하나님이 자신의 창조세계를 보시고 좋다고 말씀하시는 것은 각 날의 끝, 곧 저녁때다. 하나님이 인간에게 창조세계를 주시는 때는 창조의 마침 때다. 따라서 교회가 시간을 성화시키는 예전을 시작하는 곳은 그날의 끝에서다.

늘 그렇듯이 일과 쉼, 고통과 기쁨, 미움과 사랑으로 가득했던 시간들을 세상 속에서 보내고, 이제 우리는 교회에 나온다. 오늘 하루 어떤 이들은 죽었으며, 또 어떤 이들은 태어났다. 어떤 이들에게는 오늘이 그들

인생의 최고 행복한 날이자 영원히 기억될 날이었고, 또 어떤 이들에게는 그들의 모든 희망이 끝장나고 영혼이 파괴된 날이었다. 그 하루의 전체가—유일무이하고, 되돌릴 수 없으며, 고칠 수 없는 것으로—이제 여기에 있다. 이날은 지나갔지만, 그 결과들, 그 열매들은 다음 날의 모습에 영향을 끼친다. 우리가 일단 행한 일은 영원히 남기 때문이다.

그러나 만도는 그날의 종교적 "에필로그", 그날의 다른 모든 경험들에 덧붙는 기도로 시작되지 않는다. 만도는 시작에서 시작하며, 이것은 우리가 이 세상을 하나님의 창조물로서 찬미와 감사 가운데 "재발견한다"는 의미다. 이를테면 교회는, 하나님께 생명을 받은 인간이 방금 눈을 뜰 때, 하나님이 사랑 가운데서 자신에게 주고 계신 그 모든 것들을 처음 보았던 그 첫날 저녁으로 우리를 데려가는 것이다. 인간이 자신이 서 있는 성전의 모든 아름다움과 영광을 보고 하나님께 감사드렸던 그때로 말이다. 이 감사를 통해 비로소 인간은 인간이 되었다.

> 내 영혼아, 여호와를 송축하라.……여호와여, 주께서 하신 일이 어찌 그리 많은지요. 주께서 지혜로 그들을 다 지으셨으니 주께서 지으신 것들이 땅에 가득하니이다.……내가 평생토록 여호와께 노래하며 내가 살아 있는 동안 내 하나님을 찬양하리로다(시 104편).

그렇다. 이 세상에는 누군가가 있어야만 한다. 하나님을 거부했고, 그 거부, 그 신성모독을 통해 어둠의 혼돈이 되어 버린 이 세상에는, 누군가 그 중심에 서 있어야 한다. 이 세상을 다시 하나님의 신적 풍요가 가득한 곳으로, 생명과 기쁨, 아름다움과 지혜가 가득한 잔으로 알아보고, 그로 인해 하나님께 감사드리는 누군가가 있어야 한다. 이 "누군가"는 바로 그리스도이시다. 새 아담이신 그분은, 내가(즉, 옛 아담이) 거부하고 잃어버렸던 "성만찬적 생명"을 회복시켜 주며, 나를 다시 본연의 나로 만들어 주며, 세상을 내게 다시 회복시켜 주신다. 따라서 그리스도 안에 있는 교회가 행하는 처음 행위는 언제나 이러한 감사의 행위, 세상을 하나님께 되돌려 드리는 일이다.

그러나 창조의 아름다움과 경이로움은, 대조적으로 세상의 어둠과 실패를 부각시켜 준다. 이것이 만도의 두 번째 큰 주제다. 만일 시편 104편이 말하는 것이 참이라면, 우리가 알고 있는 지금 이 세상은—그 시편과 대조적으로—악몽으로 나타날 수밖에 없다. 우리가 먼저 세상의 아름다움을 보았기에 이제 그 추함을 볼 수 있고, 우리가 무엇을 잃었는지를 깨닫게 되며, 우리의 전 삶이 (단순히 우리가 행한 어떤 "과오"가 아니라) 어떻게 죄가 되었는지를, 또 어떻게 회개할 수 있는지를 이해할 수 있게 된다. 이제 빛은 꺼져 버렸다. 성소의 "왕의 문들"은 닫혀 버렸다. 집례자는 예복을 벗어 버렸다. 이제 인간은 벌거벗고 고통하는 모습으로 낙원 바깥에서 슬피 울고 있다. 자신의 유랑하는 처지와 자신이 행한 배반과 자신의 어둠을 절감하며, 그는 하나님께 부르짖는다. "여호와여, 내가 깊은 곳에서 주께 부르짖었나이다"(시 130:1). 창조의 영광을 마주할 때 우리 안에는 어마어마한 슬픔이 생겨날 수밖에 없다. 하나님은 우리에게 또 다른 날을 주셨건만, 우리는 그분이 주신 이 선물을 우리가 어떻게 망가뜨렸는지를 보게 되기 때문이다. 우리는 추한 세상으로부터 떨어져 나온 "선한 그리스도인들"이 아니다. 만일 우리가 하나님 앞에 이 세상의 대표자로서, 아니 세상 자체로서 서는 것이 아니라면, 만일 우리가 이날의 짐 전체를 짊어지는 것이 아니라면, 우리의 "경건"은 경건한 것일는지 모르나 기독교적인 것은 못된다.

이제 만도의 세 번째 주제가 등장한다. 바로 구속이다. 죄와 어둠의 이 세상 속으로 빛이 들어왔다. "오 불멸하시고 하늘에 계시고 거룩하시고 복되신 성부의 거룩한 영광의 기쁜 광채, 예수 그리스도여." 세상은 이제 저녁이다. 세상에 최종적 의미를 가져오는 분이 오셨기 때문이다. 이 세상의 어둠 속으로 그리스도의 빛이 들어왔고 그 빛으로 인해 실재의 참 본질이 다시금 계시된다. 이제 이 세상은 그리스도가 오시기 전의 세상이 아니다. 그분의 오심은 이제 세상에 속해 있다. 온 우주를 변모시키는 결정적 사건이 일어났다. 우리는 그리스도 사건이 우리 삶과 관계된 모든 것을 변모시켜 놓을 수밖에 없음을 깨닫는다. 만도의 시작 때에 우리가 창조세계의 영광을 기뻐하는 마음을 가질 수 있었던 것은 오직 그리스도 때문이다. 그분이 우리에게 "하나님이 행하신 모든 일들에서 그분의 은혜의 손길을 볼" 수 있는 눈을 주셨기 때문이다. 그리스도로 인해 하나님께 감사드리는 이 시간, 우리는 모든 것이 그리스도 안에서 참된 경이로움으로 변모되었다는 것을 깨닫기 시작한다. 그분의 광채 안에서 세상은 더 이상 예사롭지 않다. 우리가 지금 서 있는 이 마룻바닥도 공간 속을 날아다니는 원자들로 이루어진 하나의 기적이다. 죄의 어둠이 밝히 드러났고, 죄의 짐이 떠맡아졌다. 죽음은 궁극성을 빼앗겼고, 그리스도의 죽음에 정복당했다. 현존하는 것처럼 보이는 모든 것이 실은 방금 지나간 과거의 것인 이 세상 속에서, 이제 그리스도 안에서 모든 것이 하나님의 영원한 현재에 참여할 수 있게 되었다. 바로 이 저녁이야말로 우리 삶의 실제 시간인 것이다.

이제 우리는 만도의 마지막 주제인 마침으로 인도된다. 이 주제는 '시므온의 노래'(Nunc Dimittis)와 더불어 선언된다. 이것은 복음서에 나오는 노인 시므온이 한 말로서, 죽기 전에 이스라엘의 약속된 분을 보리라는 말을 환상 속에서 들었던 그는 평생을 오실 메시아를 기다리며 살았다. 복음서 기록을 보면, 마리아와 요셉이 아기 예수를 하나님께 바치기 위해 성전으로 데리고 왔을 때 마침 성전에 있었던 그는 아기를 자기 품에 안고서 이렇게 말했다.

> 주재여, 이제는 말씀하신 대로 종을 평안히 놓아 주시는도다. 내 눈이 주의 구원을 보았사오니 이는 만민 앞에 예비하신 것이요 이방을 비추는 빛이요 주의 백성 이스라엘의 영광이니이다(눅 2:29-32).

평생을 기다려 온 시므온에게 마침내 그 아기 그리스도가 주어진 것이다. 그는 마침내 세상의 생명이신 분을 자기 품에 안았다. 그는 기대와 기다림 중에 있는 온 세상을 대표했고, 그가 감사를 표현하기 위해 했던 말들이 이제 우리의 기도가 되었다. 그가 주님을 알아볼 수 있었던 것은, 그분을 기대해 왔기 때문이다. 그가 주님을 자기 품에 안았던 것은, 사랑하는 이를 품에 안는 것이 당연한 일이었기 때문이다. 이처럼 그의 기다림의 생애는 마침내 성취되었다. 그는 자신이 그토록 기다려 온 분을 마침내 보았다. 그는 삶의 목적을 이루었고, 이제 죽을 준비가 되었다.

그에게 죽음은 재앙일 수 없었다. 그에게 죽음은 다만 그의 기다림의 성취의 자연적 표현일 뿐이었다. 그의 죽음은 그가 마침내 보게 된 그 빛에 대해 눈을 감는 것이 아니었다. 그의 죽음은 그 빛에 대한 보다 내적인 비전의 시작일 뿐이다. 마찬가지로, 만도는 이 세상의 저녁이 왔음을 알아보는 것이고, 이제 저녁이 되지 않는 날이 왔음을 선언하는 것이다. 이 세상에서의 모든 날은 밤을 향해 간다. 세상 자체가 밤을 향해 가고 있다. 세상은 영원할 수 없다. 그러나 교회는 마침일 뿐 아니라 또한 시작이기도 한 저녁을 선언하는 것이다. 모든 날의 저녁이 곧 다음 날의 시작이듯이 말이다. 그리스도 안에서, 또 그리스도를 통해 그 저녁은 새로운 삶, 저녁이 되지 않는 날의 시작이 될 수 있다. 이제 우리는 우리 눈으로 구원을, 결코 꺼지지 않는 빛을 보았기 때문이다. 이것으로 인해 이 세상의 시간은 이제 새로운 생명을 수태한 시간이 된다. 우리는 그리스도의 현존 속으로 들어가 그분께 우리의 시간을 드리고, 우리의 팔을 뻗어 그분을 영접한다. 그러면 그분은 이 시간을 그분 자신으로 충만케 하시고, 이 시간을 치유하시며, 이 시간을 거듭해서 구원의 시간으로 만드신다.

조도

"저녁이 되고 아침이 되니······." 아침에 잠자리에서 일어날 때, 우리의 처음 감각은 밤의 감각이지 낮의 감각이 아니다. 그 시간에 우리는 더할 나위 없이 약하고 무력하다. 이는 지금껏 가족의 온정 속에서 보호받고 살던 사람이 처음으로 실제 삶을, 그 모든 부조리와 고독을 경험하게 되는 것과 유사하다. 우리는 매일 아침 형태 없는 어둠 속에서 삶의 무력증을 만난다. 따라서, 조도(Matins, 아침기도)의 첫 번째 주제 역시 만도에서처럼 어둠 속으로 들어오는 빛이다. 조도는 만도와는 달리, 창조가 아니라 타락과 더불어 시작된다. 그러나 이러한 무력함과 절망 안에는 어떤 기대, 어떤 목마름과 배고픔이 숨어 있다. 바로 이러한 현장에 교회는 기쁨을 선포하는 것이다. 단순히 자연적 삶을 거스르는 기쁨이 아니라, 그 삶을 완성시키는 기쁨이다. 매일 아침 교회는 하나님이 주님이심을 선언하며, 삶을 하나님 중심으로 짜기 시작한다.

    조도 때 처음 빛은 촛불이다. 이 촛불은 태양 빛을 예기하는 빛이다. 잠시 후 태양이 떠올라 세상의 어둠을 몰아내 주면, 교회는 거기서 세상의 참 빛이신 하나님의 아들이 일어나시는 것을 본다. 우리는 우리의 구속자가 살아 계신 것과, 그분이 삶의 부조리 한복판에서 우리에게 계시된다는 것을 깨닫는다. 삶의 숱한 역경들이 우리를 온통 "에워싸고" 있을지라도, 매일 아침 우리는 떠오르는 태양과 더불어 고대하던 메시아의 오심을 선포한다. "이날은 여호와께서 지으신 날이라. 이날에 우리가 즐거워하고 기뻐하리로다. 여호와의 이름으로 오는 자가 복이 있음이여"(시 118:24-26).

    날은 점점 더 밝아오고 조도는 이 새로운 아침을 새로운 시간과 관련짓는다. 만도가 저녁을, 세상을 "저녁"으로 경험하는 기독교적 경험과 관련짓듯이, 조도는 아침을, 교회를 "아침"으로, 시작으로 경험하는 기독교적 경험과 관련짓는다.

보완적이되 절대적으로 본질적인 시간의 두 차원들은 시간 속에서 우리의 삶을 모양 짓고, 시간에 새로운 의미를 줌으로써 시간을 기독교적 시간(Christian time)으로 변모시킨다. 이 이중 경험은 실제로 우리가 하는 모든 일에 적용되어야 한다. 인간은 늘 아침과 저녁 사이, 주일과 주일 사이, 부활절과 부활절 사이, 그리스도의 초림과 재림 사이를 사는 존재다. 시간을 마침으로써 경험하는 것은 우리가 지금 하고 있는 모든 일에 절대적 중요성을 부여해 주며, 그것을 최종적인 것과 결정적인 것으로 만들어 준다. 시간을 시작으로서 경험하는 것은 우리의 모든 시간을 기쁨으로 충만케 해준다. 왜냐하면 그런 경험은 시간에 영원을 "공동 작인"(coefficient)으로서 덧붙여 주기 때문이다. "내가 죽지 않고 살아서 여호와께서 하시는 일을 선포하리로다"(시 118:17). 우리는 세상 속에서 여러 일을 한다. 하지만 이 일은—실은, 무슨 일이든—세상 자체만을 두고 볼 때는 무의미하고 헛되고 쓸데없는 일일 뿐이다. 매일 아침 세상의 모든 도시에는 깔끔한 용모와 복장으로 일터로 향해 가는 사람들의 분주한 행렬이 있다. 또 매일 저녁이면 동일한 그들이, 이제는 피곤하고 먼지 쓴 모습으로 반대 방향으로 분주한 행렬을 이루며 돌아가고 있다. 그러나 아주 오래 전 한 현인은 이러한 분주한 행렬(형태는 변하나 그 무의미함은 마찬가지다)을 보고 이런 말을 남겼다.

헛되고 헛되며 헛되고 헛되니 모든 것이 헛되도다. 해 아래에서 수고하는 모든 수고가 사람에게 무엇이 유익한가. 한 세대는 가고 한 세대는 오되 땅은 영원히 있도다.……눈은 보아도 족함이 없고 귀는 들어도 가득 차지 아니하도다.……해 아래에는 새 것이 없나니……(전 1:2-9).

타락한 세상에서는 이것이 언제나 진실이다. 그러나 우리 그리스도인들은 하나님이 이 세상을 구속하셨음을 망각할 때가 너무 많다. 수세기 동안 우리는 분주히 일터로 가는 사람들에게 이렇게 설교해 왔다. "매일 분주한 당신의 삶은 아무 의미 없는 삶이다. 그러나 그것을 받아들여라. 그러면 당신은 저 세상에서는 영원한 안식을 보상받을 것이다." 그러나 하나님이 우리에게 계시하시고 주신 것은, 영원한 삶이지 영원한 안식이 아니다. 하나님은 이 영원한 삶을 시간—그리고 그 모든 분주함—의 한복판에서 계시하셨다. 그 시간의 비밀한 의미와 목적으로서 그리하셨다. 이처럼 그분은 시간과 그 안에서의 우리의 일을 장차 올 세상의 성례, 성취와 승천의 예전이 되게 하셨다. 이 세상의 자족성이 끝에 이를 때, 그때 비로소 세상은 우리가 그리스도 안에서 성취해야 할 성례의 재료로서 다시 시작된다.

"해 아래에는 새 것이 없나니……." 그러나 이제 매일 매순간에는 승리의 선언이 울려 퍼지고 있다. "보라, 내가 만물을 새롭게 하노라.…… 나는 알파와 오메가요 처음과 마지막이라……"(계 21:5-6).

4
물과 성령으로

세례의 의미

앞에서 시간과 시간의 변모와 갱신에 대해 우리가 해온 모든 말들은, 만일 그러한 시간 성례를 행할 새로운 인간이 없다면 그저 무의미한 이야기일 뿐이다. 이번 장에서 우리는, 그러한 인간에 대해, 그가 새로운 생명과 그 생명으로 살아갈 힘을 받는 행위인 세례에 대해 살펴보고자 한다. 그리스도인의 삶의 시작인 세례 대신 성만찬과 시간에 대한 이야기를 앞에서 먼저 다뤘던 것은, 우리가 세례 때에 받는 생명의 우주적 차원들을 먼저 확립할 필요가 있었기 때문이다. 오랫동안 세례에 대한 신학적·영적 관심은, 세례의 우주적 의미나 인간과 세상의 관계 문제와 사실상 단절되어 있었다. 흔히 세례는 인간이 소위 "원죄"로부터 해방되는 것으로 설명되어 왔다. 그러나 원죄와 원죄로부터의 해방도 모두 편협하고 개인적인 의미로만 해석되어 왔다. 즉, 세례는 인간 영혼의 개인적 구원을 확보하는 수단으로 이해되어 왔다. 그러므로 그 같은 세례에 대한 이해가 결국 세례 예전의 편협화로 이어진 것은 너무도 당연하다. 전 교회가 전 우주를 품고 행하는 행위였던 세례가, 점차 "사사롭게" 교회의 한 구석에서 행해지는 사적인 예식이 되어 버렸다. 교회는 단순히 "성례의 집행기관"일 뿐이었고, 우주는 그 성례의 "효력"을 위한 "필요 충분한" 행위로 세 차례 상징적으로 뿌리는 물방울 정도로 국한되어 버렸다. 주된 관심사는 충만함, 의미, 기쁨 등이 아니라 효력(validity)이었다. 이처럼 세례 신학이 존재론적 문제가 아니라 법적인 문제에 사로잡힘으로써, 진짜 문제—무엇이 효력을 갖게 되는 것인가?—는 아무런 답변 없이 방치되곤 했다.

최근에 기독교 세계 전체에 걸쳐 세례 신학의 확장이 일어난 것은 사실이다. 교회 안으로 들어오고 통합되는 것으로서의 세례에 대한 이해, 세례의 "교회론적" 의미에 대한 재발견이 이루어져 온 것이다. 그러나 만일 그 교회론에 참된 우주적 관점("세상의 생명을 위해")이 결여되어 있다면, 기독교적 형태의 "우주론"으로서의 교회론이 아니라면, 그것은 실은 교회숭배사상(ecclesiolatry)에 불과하다. 교회를 하나님과 인간과 세상이 맺는 새로운 관계로서가 아니라, "그 자체"로서 이해하는 사상이다. "교회론"이 세례에 참된 의미를 주는 것이 아니다. 실은 그 반대로서, 우리는 바로 세례 시에 세례를 통해 비로소 교회의 가장 근본적 의미를 발견하는 것이다.

세례는 그 형식과 요소 자체—세례반에 담긴 물, 견진 때 사용하는 기름—로 인해 피할 도리 없이 우리를 "물질"과 세상과 우주와 관련시킨다. 초대교회에서 세례 예식은 장중한 부활절 철야 예배 동안에 행해졌는데, 사실 부활절 예전 자체가 세례의 "파스카 신비"(Paschal mystery)로부터 자라 나온 것이다. 이것은 세례가 본래 "새로운 시간"과 직접 관련된 것이었으며, 부활절은 그것을 경축하는 예식이자 현시였음을 의미한다. 그리고 세례와 견진은 늘 성만찬—교회의 하나님 나라 승천 성례, "장차 올 세상"의 성례—시에 행해졌다.

앞서 말했듯이, 어떤 신학(그리고 신심)은 정확한 정의(定義)를 추구하는 과정 중에 그만 성례를 예전으로부터 억지로 분리해 버리는 비극적 우를 범해 왔다. 그런 신학에서 예전은 성례의 "본질"(esse)과는 아무 관련이 없는, 부차적이고 장식적이고 제의적인 요소로 취급될 뿐이다. 그런 신학은 성례적 실재에 대한 참된 이해를 많이 잃어버리고 만다. 특히 세례는 거의 재앙에 가까울 정도로 의미가 상실되었다. 따라서 세례의 참 의미를 회복하기 위해서 우리는, 다시 교회의 '레이투르기아'에 대한 이야기로 돌아갈 필요가 있다.

세례 예비자

과거에는 세례 준비 과정이 3년이 걸리기도 했다. 유아세례가 사실상 보편화된 지금, 그런 일은 다만 역사적 관심의 대상일 뿐이다. 그러나 교회 삶의 막대한 부분이 세례 예비자들(catechumens)을 준비시키는 일에 바쳐졌다는 사실을 기억하는 것은 대단히 중요하다. 세례 예비자들이란 이미 그리스도를 믿고 있는 이들로서, 세례를 통해 신앙의 완성을 추구하던 이들이다. 정교회에서는 오늘날도, 성만찬의 첫 부분 전체를 "세례 예비자의 예전"(Liturgy of Catechumens)이라고 부른다. 사순절과 대림절 예전 절기들, 성탄절과 주현절 주기들, 성 주간(Holy week)의 짜임새, 그리고 "최고 장중한"(solemnity of solemnities) 예배인 부활절 철야 예배, 이 모두가 실제로는 세례와 그 예식을 위한 준비로서 발전되어 온 것들이다. 이것이 오늘 우리에게 주는 의미는, 첫째, 교회의 삶 전체는 어떤 면에서 세례의 전개이자 현시라는 점이다. 둘째, 세례는 오늘 우리가 말하는 "종교 교육"의 참 내용이자 "실존적" 뿌리라는 점이다. 종교 교육이란 어떤 추상적 "하나님에 대한 지식"을 말하는 것이 아니다. 그것은 과거에 "일어났고" 지금도 하나님이 주신 새로운 생명 안에서 일어나고 있는 경이로운 일들의 계시를 뜻한다.

지금 정교회 세례 예식에서는 과거에는 "세례 예비자"의 마지막 행위였던 것이 제일 처음 행해진다. 즉, 축귀(exorcisms), 사탄 거부, 신앙 고백이 그것이다.

일부 현대 기독교 해석자들은 "악마론"(demonology)은 구시대의 세계관에 속하는 것으로서, "전기를 사용하는" 현대인들에게는 진지하게 받아들여질 수 없는 것이라고 말한다. 여기서 그들과 논쟁을 벌일 생각은 없다. 다만 우리 모두가 인정해야 하고 또 교회가 언제나 인정해 왔던 사실은, 전기가 "악마적으로" 사용될 수 있다는 것, 아니 삶을 포함해 모든 것이 다 그렇게 사용될 수 있다는 점이다. 다시 말해 이것은, 우리가 악마적이라고 부르는 악의 경험은 단순히 선의 부재나 실존적 소외나 불안 등이 아니라는 말이다. 그것은 실로 어둠과 비이성적 세력의 현존이다. 증오는 단순히 사랑의 부재가 아니다. 그것은 분명 그 이상의 것이며, 우리는 누군가를 증오할 때 우리 안에서 그것의 현존을 거의 물리적인 짐으로 경험하기도 한다. 평범하고 교양 있는 사람들이 "전기를 사용해" 육백만 명을 절멸시키는 일이 일어나는 세상, 지금 이 순간도 "만인의 행복을 위한 유일한 길"을 받아들이지 않는다는 이유로 천만여 명의 사람들이 강제수용소에 붙잡혀 있는 세상, 이런 세상에서 "악마적" 현실은 결코 신화가 아니다. 악마론의 신학적·교리적 가치와 일관성이 무엇이든, 교회가 직시하는 것은 바로 이러한 현실이다. 세례의 순간 교회가 방금 생명에 들어온 한 새로운 인간을 사제의 손을 통해 자기 소유로 삼을 때, 교회는 실제 그 현실과 맞서는 것이다. 교회가 자기 소유로 삼는 인간이란 어떤 존재인가? 통계에 따르면, 언젠가 정신병원이나 교도소 아니면 기껏해야 미칠 정도로 지루한 교외에서 살 가능성이 농후한 존재다. 그에게 생명을 준 세상, 그의 삶을 결정할 세상은 실은 하나의 감옥이다. 교회는 굳이 카프카나 사르트르에게서 듣지 않아도 이를 이미 알고 있다. 그러나 교회는 이 지옥의 문이 마침내 부서졌고, 또 다른 어떤 힘이 이 세상에 들어왔으며, 그 힘이 이 세상에 대해 참된 소유권을 주장하고 있다는 것 또한 알고 있다. 이는 단순히 영혼에 대해서가 아닌, 삶 전체, 세상 전체에 대한 소유권 주장이다. 세례 예식이 시작될 때 교회가 하는 것은 바로 이러한 소유권 주장이다. 사제는 예비자들의 "얼굴을 향해 세 번 숨을 내쉬고", "그의 이마와 가슴을 향해 세 번 십자가 성호를 긋고 손을 그의 머리 위에 얹고" 이렇게 말한다.

오 진리의 주 하나님, 주의 이름으로, 또한 주의 독생하신 성자의 이름으로, 또한 주의 성령의 이름으로, 저는 이제 주의 거룩한 이름을 향해 피하고 주의 날개 그늘 아래를 피난처로 삼도록 허락받은 주의 종에게 제 손을 얹습니다.……그에게서 그의 과거의 망상들을 없애 주시고, 주를 향한 믿음과 소망과 사랑으로 그를 가득 채워 주소서. 그로 하여금 오직 주만이 참 하나님이신 것을 알게 하시고…… 그에게 주의 모든 명령들을 따라 행하고 주를 기쁘시게 하는 일들을 행할 수 있는 힘을 주소서. 이는 만일 사람이 그와 같은 일을 행하면, 그는 그를 통해 생명을 얻을 것이기 때문입니다. 그로 하여금 자기 손으로 행하는 일들을 기뻐하게 하시고, 그의 평생 동안 주께 찬양 드리고 노래하며 경배하고 주의 거룩하고 높으신 이름에 영광을 돌리게 하소서.

축귀의 의미는 이것이다. 악을 직시하고, 악의 실재를 인정하며, 악의 힘을 알고, 악을 멸하시는 하나님의 능력을 선포하는 것이다. 축귀란 앞두고 있는 세례를 승리의 행위로 선언하는 것이다.

그 다음 사제는, 세례 받기 위해 옷과 신을 벗고 온 사람을 서쪽으로 돌려 세우고 손을 높이 들게 한 뒤 이렇게 말한다. "당신은 사탄과 그의 모든 천사들과, 그의 모든 일들과, 그가 주는 모든 것들과, 그의 모든 교만을 거부하는가?" 그러면 세례 예비자나 그를 대신하여 그의 대부모가 대답한다. "거부합니다."

그리스도인의 삶의 첫 행위는 거부하는 것이요 도전하는 것이다. 먼저 악을 직시하고 악과 싸울 태세를 갖추기 전까지는 누구도 그리스도의 것이 될 수 없다. 이러한 정신은, 요즘 흔히 우리가 기독교를 선포하는—아니, 현대말로 "세일즈하는"—방식과 얼마나 다른가! 흔히 요즘 기독교는 위로, 도움, 긴장 완화, 시간과 정력과 돈의 합리적 투자 같은 것들로 제시되지 않는가? 토요일 신문에 실리는 주일 설교 제목들, 혹은 다양한 "종교 칼럼들"을 대략 한번 훑어보는 것만으로도 족히 알 수 있다. 이 시대에 "종교"는 거의 천편일률적으로 무언가—두려움, 좌절, 불안—로부터의 구원으로 제시될 뿐, 결코 인간과 세상의 구원으로서 제시되지 않는다. 그렇다면 이처럼 교회들의 본질적 태도가 그저 온순함과 위로와 평화로 규정되어 있는 이때, 어떻게 우리는 "싸움"을 말할 수 있겠는가? 어떻게 교회는 초창기 때 사용했던 전투적 언어를 다시금 회복할 수 있는가? 지금도 교회는 자신을 '그리스도의 군병'(militia Christi)이라고 부르고는 있지만 말이다. 각종 상담 프로그램이니 바자회니 "청소년" 친교회니 하는 광고들로 가득한 지역교회의 주보에 어떻게, 또 어디에 "싸움"에 대한 이야기를 넣어야 할지 솔직히 우리는 잘 모르고 있다. 그러나 이는 실로 세례의 다음 결정적 단계를 위한 필수 조건이다.

사제는 그 세례 예비자를 동쪽으로 향하도록—회심하게—한 뒤 묻는다. "당신은 그리스도와 하나로 연합하겠습니까?"

이제 신앙고백, 세례 예비자가 교회의 신앙과, 그 신앙을 받아들임과 거기에 순종할 것임을 고백하는 시간이 온다. 여기서도 현대의 그리스도인들은, 교회가 세상의 생명이 되려면 "누구든 환영"이라는 현수막을 걸어놓고 요즘 유행하는 말들을 따라 하며, 세상을 향해 "시종 미소 짓는" 식이어서는 안된다는 것을 이해하기 어려워한다. 그리스도인의 삶의—교회의 삶의—시작은 겸손과 순종과 훈련이다. 따라서 세례 준비 과정의 마지막 행위는 이러한 명령이다.

"그분 앞에 엎드려 절하십시오." 그러면 세례 예비자는 대답한다. "저는 성부와 성자와 성령께 엎드려 절합니다."

세례수 축복

본격적 세례는 세례수 축복(the blessing of the water)과 더불어 시작된다. 그런데 여기서 물이 갖는 의미를 이해하기 위해서 우리는 물을 이 성례의 단순한 "재료"(matter)로 여기던 생각을 버려야 한다. 물을 성례의 "재료"로 삼는 이유는, 물이 물질 세계를 대표하기 때문이다. 세례에서 물은 세상 자체의 표지이자 현존이다. 성경의 "신화적" 세계관—사실 이것은 이른바 (성경의) "비신화화"(demythologizing)를 말하는 이들의 세계관보다 더욱 의미 있고 철학적 일관성이 있는 세계관이다—에서, 물은 "으뜸 물질"(prima material)로, 세상의 기초 원소다. 물은 생명의 자연적 상징인데, 이것은 물 없이는 생명이 있을 수 없기 때문이다. 그러나 또한 물은 파괴와 죽음, 종국적으로는 정화의 상징이기도 한데, 이는 물 없이는 깨끗함이 있을 수 없기 때문이다. 창세기에서 생명의 창조는 물로부터 마른땅이 해방되는 것으로―하나님의 영이 물, 즉 비존재의 혼돈에 대해 거둔 승리로서―제시된 바 있다. 이렇게 볼 때, 어떤 면에서 창조란 물이 생명으로 변모되는 것이다.

그러나 여기서 중요한 것은, 세례수는 우주의 물질, 인간의 생명으로서의 이 세상을 나타내 준다는 사실이다. 따라서 세례식을 시작할 때 행해지는 세례수 축복에는 실로 우주적·구속적(救贖的) 의미가 있다. 하나님은 세상을 창조하셨고, 세상에 복 주셨으며, 세상을 인간에게 음식과 생명으로, 하나님과 교통하는 수단으로 주셨다. 세례수 축복은 물질이 이 본래의 본질적 의미로 회복되고 구속되는 것이다. 요한의 세례를 받아들이셨을 때, 그리스도는 물을 성화시키신 것이었다. 그리스도는 물을 정화의 물로, 하나님과의 화해의 물로 만드셨다. 그리스도가 그 물에서 나오셨을 때, 이것은 주현(主現, Epiphany), 즉 하나님의 새롭고 구속적인 현시가 일어난 것이었다. 창조의 시작 시 "수면 위를 운행"하셨던 하나님의 성령은 그때 물―즉, 세상―을 다시금 태초에 창조된 본연의 것이 되게 하셨다.

앞서 말했듯이, 송축한다는 것은 감사드린다는 것이다. 감사를 통해 인간은 하나님에게서 받은 모든 것의 참 본질을 인정하며, 그것을 본연의 것이 되게 한다. 우리가 모든 것을 축복하고 성화시킨다는 말은, 우리 전 존재의 성만찬적 움직임 가운데 그것들을 하나님에게 봉헌한다는 말이다. 따라서 물 앞에—하나님이 우리에게 주신 우주, 물질 앞에—서 있는 지금, 세례 예전의 참된 시작은 만유를 품는 성만찬적 움직임에서 온다.

오 주님, 주는 위대하시며 주가 하시는 일은 놀랍습니다. 주의 경이로움을 그 어떤 말로도 다 표현할 수 없습니다. 주는 주의 선하신 뜻으로, 전에는 존재하지 않았던 모든 것을 존재케 하셨고, 주의 능력으로 창조세계를 붙들고 계시며, 주의 섭리를 통해 세상을 돌아가게 하십니다…….
지성을 부여받은 모든 권세들이 주 앞에서 몸을 떱니다. 태양이 주를 향해 노래 부릅니다. 달이 주께 영광을 돌립니다. 별들이 주의 현존 앞에서 서로 만납니다. 빛이 주께 순종합니다. 깊음이 주 앞에서 떨립니다…….
주께서 오셔서 우리를 구원하셨습니다!
우리는 주의 은총을 고백합니다. 우리는 주의 자비를 선포합니다. 우리는 주가 행하신 은혜로운 일들을 나타냅니다.

다시금 세상이 그리스도가 계시하신 그것, 본연의 그것—인간에게 주시는 하나님의 선물, 인간과 하나님과의 교통의 수단—으로 선포되는 것이다. 이 물은 이제 우리에게 "구속의 은혜"로, 죄 사함으로, 약함의 치료로 현시된다. "오 주님, 이는 우리가 주의 이름을 불렀기 때문입니다. 경이롭고, 영광스러우며, 원수들을 떨게 만드는 주의 이름을 불렀기 때문입니다."

이제 우리는 이 물 안에서 사람에게 세례―침례(immersion)―를 베푼다. 그에게 이 세례는 "그리스도 안으로" 들어가는 세례다(롬 6:3). 왜냐하면 그를 세례로 인도한 그 믿음은 다름 아니라, 그리스도야말로 존재하는 모든 것의 참 "내용"―존재이자 목적―이시며, 모든 만물을 충만케 하시는 분의 충만임을 확신하는 믿음이기 때문이다. 믿음 안에서 온 세상은 그분의 현존의 성례가 되고, 그분 안에서 사는 삶을 위한 수단이 된다. 그리고 이때 물은 세상의 이미지와 현존일 뿐 아니라, 참으로 그리스도의 이미지와 현존이기도 하다.

그러나 "무릇 그리스도 예수와 합하여 세례를 받은 우리는 그의 죽으심과 합하여 세례를 받은 줄을 알지 못하느냐"(롬 6:3). 세례―"새로운 생명"(롬 6:4)의 선물―는 "죽음과 같은 모양"(롬 6:5)인 것으로 선언되었다. 왜 그런가? 그리스도가 자신을 믿는 이들에게 주시는 새 생명은 무덤으로부터 비춰 나오는 생명이기 때문이다. 이 세상은 그리스도를 배척했고, 그분을 자신의 생명과 완성으로 여기기를 거부했다. 그런데 세상의 생명은 오직 그리스도뿐이기에, 그리스도를 배척하고 죽였을 때 세상은 자신에게 죽음을 선고한 것이었다. 그러므로 이제 세상의 유일한 궁극적 실재는 죽음이다. 인간들이 여전히 희망을 두고 있는 온갖 세속적 종말론들은 결국 모두 톨스토이가 말한 다음과 같은 한 문장으로 귀결될 수밖에 없다. "어리석은 삶, 그리고 마침내 어리석은 죽음." 그러나 그리스도인은 세상―어떤 신비한 "다른" 세상이 아니라, 바로 이 세상, 우리가 살고 있는 이 삶―의 참된 실재가 그리스도 안에 있음을 아는 사람이다. 그리스도인은 그리스도가 곧 세상의 실재임을 안다. 세상과 그 안에 존재하는 모든 것은 그 자체만으로는 아무 의미를 가질 수 없다. 우리가 이 세상을 좇아 사는 한, 다시 말해 우리가 우리의 삶 자체를 목적으로 삼을 때는, 어떠한 의미도 목적도 존재할 수 없다. 왜냐하면 그 모두는 결국 다 죽음으로 끝나고 말기 때문이다. "새로운 생명"—이는 세상을 새롭게 소유한다는 의미인데—이 우리에게 주어지는 것은, 우리가 삶 자체를 목적으로 여기던 생각을 자유롭게, 철저하게, 무조건적으로 포기할 때, 우리가 우리 삶의 모든 의미를 그리스도 안에서 찾을 때다. 이때 비로소 세상은 참으로 그리스도의 현존의 성례, 하나님 나라와 영생의 성장이 된다. 왜냐하면 그리스도는 "죽은 자 가운데서 살아나셨으매 다시 죽지 아니하시고 사망이 다시 그를 주장하지 못"하기 때문이다(롬 6:9). 세례는 이처럼 우리의 이기심과 자기만족의 죽음이다. 세례가 "그리스도의 죽으심과 같은 모양"인 것은, 그리스도의 죽음이 무조건적인 자기양도이기 때문이다. 그리고 그리스도의 죽음이 그 안에서 삶의 궁극적 의미와 힘이 계시되었기에 "죽음을 짓밟아 버린" 죽음이듯이, 그분과 더불어 죽는 우리의 죽음은 "하나님 안에서 사는 새로운 삶"과 우리를 연합시킨다.

"새로운 생명"의 의미는 새롭게 세례 받은 사람이 세례 후 즉시 흰옷으로 입혀지는 데서 나타난다. 흰옷은 왕이 입는 옷이다. 인간이 다시금 창조세계의 왕이 되는 것이다. 세상은 이제 그의 죽음이 아니라 다시금 그의 생명이 된다. 왜냐하면 이제 그는 세상을 가지고 무엇을 해야 하는지를 알기 때문이다. 그에게는 이제 참된 인간 본질의 기쁨과 힘이 회복된다.

견진

정교회에서, 요즘 우리가 입교(initiation)의 두 번째 성례라고 부르는 견진(chrismation, confirmation)은 언제나 세례 예전의 필수적인 일부로서 행해져 왔다. 왜냐하면 견진은 또 다른 성례가 아니라 세례의 완성, 성령에 의한 세례의 "확증"(confirmation)이기 때문이다. 견진이 세례와 구별되는 것은, 삶이 출생과 구별되는 것과 같다. 성령은 교회의 삶 전체를 확증시키시는 분이다. 성령은 "장차 올 세상"으로서의 하나님 나라의 기쁨과 평화로서의 교회의 생명이자 현시이기 때문이다. 제도, 가르침, 의식(儀式)으로서의 교회는 이 세상 안에 있는 것일 뿐 아니라, 또한 이 세상에 속한 "일부"다. 그런데 성령은 이런 교회를 하나님 나라의 "성례"로 변모시키며, 이 세상에서 교회의 삶을 장차 올 세상의 현존으로 만드신다. 왜냐하면 성령의 오심은 궁극적인 것, "마지막 일들"이 개시되고 현시되는 것이기 때문이다.

견진은 이처럼 인간의 개인적 오순절이다. 인간이 성령 안에서 사는 새로운 삶 속으로, 즉 교회의 참된 삶 속으로 들어가는 것이다. 이것은 인간이 참으로 또 온전히 인간으로 서품 받는(ordination) 것이다. 온전히 인간이 되는 일은 곧 하나님 나라에 속하는 일이기 때문이다. 견진을 받는 것은 단순히 그의 "영혼"—그의 "영적", "종교적" 삶—이 아니라, 그의 인간됨 전체다. 그의 몸 전체가 기름부음을 받고, 인침과 성화와 새로운 삶에 봉헌되는 것이다. "성령의 선물의 인(印)을······." 사제는 새롭게 세례 받은 이에게 기름을 발라 주며 말한다. "이마와 눈과 코와 입술과 양쪽 귀와 가슴과 손과 발에……." 그 사람 전체가 하나님의 성전으로 만들어지는 것이며, 그의 삶 전체가 이제부터 하나의 예전이 되는 것이다. "영적인" 것과 "물질적인" 것, "성스러운" 것과 "속된" 것, "종교적인" 것과 "세속적인" 것을 서로 대립시켰던 유사 기독교적 (pseudo-Christian) 태도가, 이제 이 순간에 하나님과 인간과 세상에 대한 터무니없는 거짓말로 고발되고 폐해지고 계시된다. 하나님의 진짜 성전은 오직 인간이며, 인간을 통해 세상은 그 성전이 된다. 모든 물질은 하나님께 속해 있으며, 그 완성은 하나님 안에 있다. 시간의 매 순간들 역시 모두가 하나님의 시간이며, 그 완성은 하나님의 영원에 있다. "중립지대"란 존재하지 않는다. 빛의 광선이시고 기쁨의 미소이신 성령께서, 그 모든 것들을 귀중한 성전을 이루는 귀중한 돌들로 계시하면서, 모든 시간에 모든 것들에게 자신의 "손을 대셨기"(touch) 때문이다.

참으로 인간이 된다는 것은 온전히 자기 자신이 된다는 의미다. 견진이란 그 사람의 고유한 "자기됨"(personality)을 확증 받는 것이다. 앞서 나왔던 이미지를 사용하면, 견진은 그가 그 자신이 되는 서품을 받는 것이다. 하나님이 원하시는 그 자신, 하나님이 영원토록 사랑하시는 그 자신됨을 이루는 것이다. 이것이 바로 소명의 선물이다. 교회가 참으로 "새로운 생명"—그리스도 안에서 회복된 세상과 자연—이라면, 교회는, 우리가 그 안에서 "경건한" 사람이나 "인정받는" 일원이 되려고 진짜 자기다움은 입구—"휴대품 보관소"—에 남겨 놓은 채, 진부하고 비인격적이며 중성적인 "선량한 그리스도인"으로 가장해야 하는 종교기관이어서는 안된다. 사실, 경건은 대단히 위험하고 성령과 대립되는 것일 수 있다. 성령은 우리에게 모든 것을 의심과 두려움과 도덕적 분개를 품고 바라보는 "바른 양심"이 아니라, 삶—기쁨, 움직임, 창조성—을 주시는 분이기 때문이다.

견진은 인간의 삶을, 신적 창조세계 전체와 삶의 진정한 "공변성"(catholicity)을 향하도록 열어 준다. 이는 하나님의 "바람", '루아흐'(*ruah*)가 우리 삶 속으로 들어오는 것이다. 우리 삶을 불과 사랑으로 껴안으시며, 우리를 신적 활동의 도구로 삼으시고, 일체를 기쁨과 소망으로 가득 채우시는 성령이 말이다.

입장 행렬과 제의

앞서 언급했듯이, 과거에는 세례가 부활절에—파스카 대축제의 일부로서—행해졌다. 세례의 자연스런 성취는 새로이 세례 받은 이들이 하나님 나라의 파스카 참여하는 성례인, 교회의 성만찬 안으로 들어오는 것이었다. 세례는 하나님 나라의 문을 열어 주는 것이며, 성령은 우리를 그 나라의 기쁨과 평화 속으로, 성만찬적 성취 속으로 인도해 주시는 분이기 때문이다. 오늘날도 세례와 견진 후에는 행렬이 있다. 지금은 세례반 주위를 도는 형태로 행해지고 있지만, 본래는 이것이 교회의 문을 향해 가는 행렬, 입장 행렬이었다. 파스카 예전의 입장 찬송(Introit)이 우리가 "새로이 세례 받은 이들"(neo-phyte)을 이끌고 행렬할 때 부르는 곡과 동일하다는 사실은 의미심장하다. "그리스도 안으로 세례 받은 이들은 그리스도를 옷 입었도다. 알렐루야!" 이렇게 교회를 행렬과 입장으로서, 주님의 영원한 파스카 속으로의 승천으로서 시작케 하는 것이 세례, 세례의 오순절이다.

그리고 나서 세례 받은 이들은 팔 일—이는 충만한 시간의 이미지다—동안 교회에 머물며, 매일 매일을 부활절로 경축한다. 여덟 번째 날에는 성유(聖油)를 씻겨 내고, 머리를 자르고, 세상으로 돌아가는 제의가 행해진다. 충만한 시간과 기쁨으로부터, 이제 그 기쁨의 증인과 담지자로서 세상의 시간 속으로 나간다는 것이 이 제의의 의미다. 이는 성만찬 시의 해산(dismissal)—"평화 가운데 나갑시다"—이 갖는 의미와 동일하다. 성례의 보이는 표지들이 씻겨지는 것은, 이제 "상징"은 실재가 되어야 하며, 삶 자체가 성례적 표지와 받은 은사의 성취가 되어야 하기 때문이다. 그리고 머리를 자르는 것—세례 예전의 마지막 제의—은 이제 새로이 시작되는 삶이 봉헌과 헌신의 삶이라는 것, 끊임없이 예전—그리스도가 하시는 일—으로 변모되는 삶이라는 것을 뜻하는 표지다.

고백 성례

정교회가 고백(penance)에 부여하는 성례적 성격은 오직 세례의 빛 가운데서 이해될 수 있다. 성례를 사법적 행위로 잘못 이해하는 신학에서는, 이 고백 성례가 죄 사면의 "법적" 권세나 교회가 사제에게 "위임한" 권세 같은 것들과 관련해 설명되어 왔다. 그러나 이러한 설명은 교회에서 고백 성례가 가졌던 본래 의미, 그 성례적 본질과 전혀 무관하다. 세례가 죄 용서의 성례인 것은, 세례가 죄책을 사법적으로 제거해 주기 때문이 아니라, 세례가 바로 죄 용서 자체이신 예수 그리스도 안으로 들어가는 것이기 때문이다(롬 6:3). 모든 죄 중의 죄—인간의 진짜 "원죄"—는 어떤 법을 범한 것이 아니라, 인간의 사랑이 방향을 잃고서 하나님과 멀어진 것이다. 인간이 하나님 말고 다른 무언가—세상이나 자기 자신—를 더 선호하는 것이 진짜 죄이며, 다른 죄들은 모두 그 죄 안에서 자연적이고 필연적으로 생겨나는 것이다. 이 죄는 인간의 참된 생명을 파괴한다. 이 죄는 우리 삶의 행로를 참된 의미와 방향으로부터 일탈시킨다. 그러나 인간은 그리스도 안에서 바로 이 죄를 용서받는다. 이는 하나님이 그것을 "잊으셨고" 더는 주목하지 않으신다는 의미가 아니라, 그리스도 안에서 인간은 이제 하나님에게 돌아갔다는 의미이다. 인간은 하나님을 사랑하게 되었고, 그분을 자신의 사랑과 삶의 유일한 참된 대상으로 삼게 되었다. 하나님은 인간을 받아들이셨고—그리스도 안에서—인간을 자신과 화해시키셨다. 회개는 이처럼 우리의 사랑과 우리의 삶이 하나님께로 돌아가는 것이다. 이러한 돌이킴이 그리스도 안에서 가능한 것은, 그리스도가 우리에게 참된 생명을 계시하시고, 우리로 하여금 우리의 유랑과 정죄에 대해 알게 하시는 분이기 때문이다. 그리스도를 믿는다는 것은 회개한다는 것인데, 우리 삶의 "마인드" 자체를 근본적으로 바꾸며, 우리 삶을 죄와 죽음으로 본다는 것을 의미한다. 또한 그분을 믿는다는 것은, 그분 안에서 용서와 화해가 주어졌다는 기쁨 충만한 계시를 받아들이는 것이다. 세례는 회개와 용서의 성취다. 세례 받는 인간은 죄인으로서 자신이 죽기를 원하는 것이고, 그에게는 죽음이 주어진다. 세례 받는 인간은 죄 용서를 받음으로 새로운 생명을 원하는 것이며, 그에게는 그런 생명이 주어진다.

그러나 죄는 여전히 우리 안에 있고, 우리는 끊임없이 우리가 받은 새 생명으로부터 곤두박질친다. 옛 아담에 대한 새 아담의 싸움은 길고도 고통스런 싸움이다. 어떤 사람들이 심령부흥회나 "그리스도를 믿기로 결정할" 때 경험하는 "구원", 그때 생겨나는 도덕적 의, 건전한 생각, 뜨거운 박애 등을 구원의 전부라고 생각하고 그런 것을 하나님께서 세상의 생명을 위해 자기 아들을 주신 목적의 전부로 생각하는 것은 크나큰 단순화다. 유일한 참된 슬픔은 "성인(聖人)이 되지 못한 것"에 대한 슬픔이다. 그런데 "도덕적" 그리스도인들은 이런 슬픔을 전혀 느끼거나 경험하지 못할 때가 참으로 많다. 자신의 "구원 경험", "구원받았다"는 느낌이 그들을 자기 만족감으로 가득 채우고 있기 때문이다. 이미 "만족한" 사람은 이미 자기 상을 받은 사람이며, 그런 사람에게는 "성인"이 될 수 있는 유일한 길인 삶의 전적인 변모와 변화를 향한 갈증과 갈망이 있을 수 없다.

세례는 죄의 제거가 아니라 죄의 용서다. 세례는 우리 삶 속에 그리스도의 칼을 들여옴으로써, 우리 삶을 싸움으로, 성장에 필연적으로 따르는 고통과 고난으로 만든다. 사실, 우리가 죄의 비참한 실재를 알게 되고 참된 회개를 할 수 있게 되는 것은, 세례 받은 이후, 세례로 인해서다. 그러므로 교회는 용서의 선물, "장차 올 세상"의 기쁨인 동시에 필연적으로 끊임없는 회개다. 금식(fast) 없이는 축제(feast)가 있을 수 없으며, 금식이란 바로 회개와 돌이킴, 즉 구원을 가져오는 슬픔과 유랑 경험이다. 교회는 하나님 나라의 선물이지만, 이 선물은 하나님 나라 바깥에 있어 하나님과 멀어져 있는 우리의 실상을 밝히 드러내 준다. 회개는 우리를 거듭거듭 파스카 축제의 기쁨 속으로 데려가 주지만, 바로 그 기쁨은 또한 우리에게 우리의 죄인 됨을 드러내 주며 우리를 심판 아래로 데려간다.

이처럼 고백 성례는 하나님이 인간들에게 주신 성스럽고 사법적인 "권세"가 아니다. 이는 교회 안에서 살아 움직이는, 세례의 능력이다. 고백 성례는 자신의 성례적 성격을 세례로부터 얻는다. 모든 죄는 그리스도 안에서 영단번에 용서되었다. 왜냐하면 그리스도 자신이 바로 죄의 용서이시기 때문이다. 그러므로 어떤 "새로운" 사면은 더 이상 필요하지 않다. 그러나 늘 그리스도를 떠나고 스스로를 그분의 생명으로부터 출교시키는 우리는, 그분께로 다시 돌아가 그분 안에서 영단번에 주어진 그 선물을 거듭거듭 받을 필요가 있다. 사면은 이러한 돌아감이 일어났으며 성취되었다는 표지다. 매 성만찬은 그리스도의 만찬의 "반복"이 아니라, 동일하고 영원한 축제 속으로 우리가 승천하는 것이자 우리가 그 축제를 받아들이는 것이다. 이처럼 고백 성례는 세례의 반복이 아니라, 하나님이 영단번에 우리에게 주신 "새로운 생명"으로 우리가 되돌아가는 것이다.

5
사랑의 신비

"이 비밀〔mystery〕이 크도다. 나는 그리스도와 교회에 대하여 말하노라"(엡 5:32).

결혼 성례의 의미

정교회에서 결혼은 성례의 하나다. 인간 삶의 여러 "상태들" 중에서, 여러 다양한 소명들 중에서 왜 유독 결혼이라는 이 "상태"만이 성례로 이해되고 선별되었느냐는 질문이 제기될 수 있다. 사실, 결혼 성례가 단지 결혼에 대한 신적 재가—결혼한 신랑 신부에게 영적 도움을 주고, 자녀 출산을 위해 복을 빌어주는 행위—에 불과한 것이라면, 우리는 결혼만이 성례인 이유를 이해할 수 없다. 왜냐하면 우리가 하는 다른 행위들 역시 동일하게 그러한 도움과 인도와 재가와 축복을 필요로 하기 때문이다. 그러나 앞서 보았듯이, "성례"는 필연적으로 변모라는 개념을 내포하며, 그리스도의 죽음과 부활이라는 궁극적 사건을 지시하며, 언제나 하나님 나라의 성례여야 한다. 물론 어떤 면에서는, 교회의 삶 전체가 성례적이라고 불릴 수 있다. 교회의 삶이란 시간 속에서의 "새로운 시간"의 현시이기 때문이다. 그러나 보다 정확하게는, 교회는 자신의 삶 속에서, 이러한 변모시키는 은혜가 하나님에게서 받는 선물로서 확증되는 행위들―교회가 예전적 행위를 통해 자신을 그 선물의 형태 자체와 동일시하고, 또 스스로 그 형태가 되는 그런 결정적 행위들―을 일컬어 특별히 성례라고 부르고 있다. 그렇다면, 결혼은 장차 올 하나님 나라와 어떤 관계가 있는가? 결혼은 그리스도의 십자가와 죽음과 부활과 어떻게 관계되는가? 다시 말해, 결혼이 성례인 이유는 무엇인가?

결혼에 대한 "현대적" 접근방식에는 이런 질문 자체가 아예 불가능한데, 유감스럽게도 현대의 많은 "기독교적" 접근방식도 사정은 마찬가지다. 무수히 많은 "행복한 결혼생활 안내서들", 교역자들이 임상 성과학(sexology) 전문가들이 되어 가는 염려스런 추세들, 성에 대한 적절한 사용(을 통한 소위 "풍요로운 경험"의) 권장, 책임감이나 저축이나 주일학교 등을 강조하는 기독교적 가정에 대한 여러 달콤한 정의들, 이 모든 것들 어디에도 성례가 들어설 여지는 없다. 요즘 우리는 결혼이 "이 세상"에 있는 다른 모든 것들과 마찬가지로 타락하고 왜곡된 그 무엇이므로, 결혼은 축복받고 "엄숙하게 거행되어야"―리허설도 하고, 사진사들도 부르고 하면서―할 것이 아니라, 회복되어야 하는 것이라는 사실을 망각하고 있다. 더욱이 이러한 회복은 그리스도 안에 있다는 것, 즉 결혼은 그리스도의 삶과 죽음과 부활과 승천 안에서, 오순절과 더불어 시작되는 "새로운 시대"에, 그리고 이 모든 것들의 성례인 교회 안에서 회복된다는 사실을 잊고 있다. 두말할 필요도 없이 이러한 회복은 "기독교적 가정" 개념을 무한히 초월하는 것이며, 결혼에 우주적이고 보편적인 차원들을 부여하는 것이다.

요지는 이것이다. 우리가 결혼을 교회 전체나 세상 자체와는 상관없는, 결혼하는 당사자들만의 일, 오직 그들에게만 일어나는 일로 여기는 한, 우리는 결코 결혼의 참된 성례적 의미를 이해할 수 없다. "나는 그리스도와 교회에 대하여 말하노라"(엡 5:32)고 한 바울이 언급한 그 큰 신비를 이해할 수 없다. 우리는 이 성례의 진짜 주제와 "내용"과 목적이 "가정"이 아니라 사랑이라는 것을 깨달아야 한다. 가정은 그 자체만으로는 사랑의 악마적 왜곡일 수 있다. 복음서에는 여기에 대한 엄한 말씀이 있다. "사람의 원수가 자기 집안 식구리라"(마 10:36). 이런 의미에서 결혼 성례는 가정보다 더 광범위한 영역이다. 이것은 만유를 포괄하는 존재 자체의 신비로서, 신적 사랑의 성례다. 그러므로 결혼은 전체 교회와, 또한 교회를 통해 전체 세상과 관계된 일이다.

예수의 어머니 마리아

결혼 성례에 대한 정교회의 비전을 이해하기 위해서는 결혼 자체나 어떤 추상적 "사랑의 신학"보다는, 하나님에 대한 인간의 사랑과 응답을 가장 순수하게 표현했을 뿐 아니라 언제나 교회의 삶의 중심에 있었던 이—

곧, 예수의 어머니 마리아—에 대한 이야기에서부터 시작하는 편이 더 낫다. 서방에서 마리아는 주로 동정녀(Virgin)—모든 육적 오염과 무관하며 절대적이고 천상적인 순결을 가진, 우리와 거의 전혀 다른 존재—로 여겨지고 있지만, 반면에 동방에서 마리아는 늘 '테오토코스' (*Theotokos*), 곧 하나님의 어머니로 불리며 영광을 받아왔으며, 거의 모든 이콘들이 그녀를 아기 예수를 품에 안고 있는 모습으로 그리고 있다(예수 그리스도는 신인[*Theanthropos*]이라기보다는 하나님을 지닌[God-bearing] 인간이며, 따라서 마리아는 하나님의 어머니[*Theotokos*, Mother of God]라기보다는 그리스도의 어머니[*Christotokos*, Mother of Christ]로 불려야 한다는 네스토리우스 이단에 맞서, 정통교회는 제3차 공의회인 에베소 회의[431년]에서 네스토리우스를 정죄하였고, 제4차 공의회인 칼케돈 회의[451년]에서 채택된 칼케돈 신조는 예수 그리스도가 "신성에 있어서는 만세 전에 성부에게서 나셨으나 인성에 있어서는 우리의 구원을 위하여 동정녀 마리아, 곧 하나님의 어머니 [*Theotokos*]에게서 나셨다"고 말하고 있다—옮긴이). 다시 말해, 마리아론에는 두 가지 서로 다른 강조점들이 있다. 그 둘은 서로 모순되는 것은 아니지만, 교회에서 마리아 위치에 대한 두 가지 서로 다른 비전을 낳아 왔다. 만일 우리가 정교회의 마리아 공경 경험을 이해하고자 한다면 먼저 우리는 이 둘 사이의 차이를 염두에 두고 있어야 한다. 다음의 논의를 통해 우리는 정교회의 마리아 공경은 "마리아 숭배"가 아니라, 교회의 삶 본연의 빛이요 기쁨이라는 점이 밝혀지기를 희망한다. 정교회의 한 찬송가는 "모든 창조물들이 그녀를 기뻐한다"고 말하고 있다.

이 기쁨은 대체 무엇에 대한 기쁨인가? 그녀가 스스로에 대해 "보라, 이제 후로는 만세에 나를 복이 있다 일컬으리로다"(눅 1:48)고 말했던 이유는 무엇인가? 이것은 다름 아니라 마리아가 모든 창조물들의 영원한 존재 목적, 곧 성령의 성전과 하나님의 인성이 되는 일에 사랑과 순종, 믿음과 겸손으로 응했기 때문이다. 그녀는 자신의 몸과 피를—그녀의 삶 전체를—하나님의 아들의 몸과 피가 되도록 내어 주는 일에, 가장 충만하고 깊은 의미의 어머니가 되는 일에 응했다. 자기 생명을 타자이신 그분(the Other)께 내어 드리고 자기 삶을 그분 안에서 완성시킴으로써 말이다. 그녀는 모든 창조물이 따라야 할 참된 본성, 즉 자기 삶의 의미와 완성을 하나님께 두는 일에 응했다.

이처럼 피조물로서의 자신의 참된 본성에 응함으로써 그녀는 창조세계의 여성됨(womanhood)을 성취한 것이다. 여성됨이란 말이 낯설게 들리는 이들이 많을 것이다. 현대의 "성 평등" 추세에 부응하느라 우리 시대의 교회는 그저 남성과 여성에 대한 기독교적 계시의 반쪽만을 취하고 있을 뿐이다. 즉, 그리스도 안에서는 "남자나 여자나······ 하나"(갈 3:28)라는 것만을 긍정할 뿐 나머지 반쪽은 낡은 세계관에 속한 것으로 치부한다. 그러나 사회 (또한 교회) 속에서 "여성의 위치"를 찾겠다는 현대의 모든 시도들이, 실은 여성을 높이는 것이 아니라 낮추고 있다. 그런 시도들은 결국 여성이 여성으로서의 고유한 소명을 부인하는 일인 경우가 너무 많기 때문이다.

그러나 성경에서, 하나님과 세상의 관계, 하나님과 그분의 선택받은 백성 이스라엘의 관계, 마지막으로 하나님과 교회 안에서 회복되는 우주의 관계가 부부 간의 결합과 사랑의 견지에서 표현되고 있는 것은 실로 의미심장하지 않은가? 이 유비(analogy)가 말해 주는 것은 두 가지다. 먼저, 우리는 세상을 향한 하나님의 사랑과 교회를 향한 그리스도의 사랑을 우리가 알고 있는 부부 간의 사랑 경험을 빌어 이해할 수 있다. 그러나 이 유비가 말하는 또 다른 한 가지는, 부부 간의 사랑은 그 뿌리와 깊이와 참된 완성을 그리스도와 그의 교회의 큰 신비에 두고 있다는 사실이다. "[그러니] 나는 그리스도와 교회에 대하여 말하노라." 교회는 그리스도의 신부다("……내가 너희를 정결한 처녀로 한 남편인 그리스도께 드리려고 중매함이로다", 고후 11:2). 이것은 교회 안에서 회복되고 완성되는 것으로서의 세상이 하나님의 신부라는 것, 그러나 죄로 인해 이 근본적 관계가 깨어지고 왜곡되었음을 의미한다. 교회가 살아 있는 인격적 존재로서 시작되는 것은, 바로 참 여성이자 동정녀, 어머니로서의 마리아를 통해, 즉 하나님에 대한 그녀의 응답을 통해서다.

그 응답은 사랑 가운데서 행하는 전적인 순종이다. 여기서 순종과 사랑은 서로 별개의 것이 아니라, 서로가 곧 서로의 전체를 이룬다. 순종은 그 자체만으로는 "덕"(virtue)이 아니다. 그런 순종은 맹목적 복종일 뿐이며, 맹목성에는 빛이 들어 있지 않다. 오직 하나님을 향한 사랑, 모든 사랑의 절대적 대상이신 그분을 향한 사랑만이 순종을 맹목성으로부터 자유롭게 해준다. 또한 그 사랑만이 순종을, 받아들일 가치가 있는 유일한 것을 기쁨 가운데 받아들이는 행위로 만들어 준다. 하나님께 대한 순종이 빠져 있는 사랑은 "육신의 정욕과 안목의 정욕과 이생의 자랑"(요일 2:16)일 뿐이다. 이것은 돈 주앙(Don Juan)이 주장하는 사랑으로서, 그 사랑은 결국 그를 파괴시키고 말았다. 오직 창조세계의 유일한 주님이신 하나님께 대한 순종만이 사랑에 참된 방향을 열어 주며, 사랑을 참으로 사랑이게 해준다.

참된 순종이란 이처럼 하나님을 향한 참된 사랑, 창조자에 대한 피조물의 참된 응답을 말하는 것이다. 인성(humanity)은, 하나님께 대한 응답이 가능할 때, 곧 전적인 자기양도와 순종 가운데 그분께 향해 가는 움직임이 될 때에야 비로소 진정한 인성이 된다. 그런데 "자연적" 세상에서 이러한 순종하는 사랑과 응답으로서의 사랑을 가진 담지자는 다름 아니라 여성이다. 남성은 청혼을 하며, 여성은 그 청혼을 받아들인다. 이 수락은 수동성이나 맹목적 순응이 아니다. 이것이야말로 사랑이며, 사랑은 언제나 적극적인 것이기 때문이다. 이는 남성의 청혼에 생명을 주고 그것을 삶으로 완성시키지만, 이것이 온전한 사랑과 온전한 생명이 되는 것은 오직 온전한 받아들임과 온전한 응답일 때 가능하다. 창조세계 전체, 교회 전체—단순히 여성들만이 아니라—가 하나님에 대한 그들의 응답과 순종의 표현을 여성 마리아에서 발견하고 그녀를 기뻐하는 것은 바로 이런 이유에서다. 그녀는 우리 모두를 대표한다. 우리가 오직 사랑과 순종 가운데 받아들이고 응답할 때, 즉 피조물로서의 우리의 본질적 여성됨을 받아들일 때에야 비로소 참된 남성과 여성이 되기 때문이다. 그때에야 비로소 우리는 "생물학적 남성"(male)과 "생물학적 여성"(female)으로서의 한계를 초월할 수 있다. 남성은 자신을 피조물의 "소유자"로 주장하지 않고 순종과 사랑, 응답과 받아들임 가운데 하나님의 신부로서의 자신의 본성을 따를 때, 비로소 진정한 남성—피조물의 왕, 하나님의 창조성과 주도권을 나타내는 사제—이 된다. 또한 여성은 타자이신 하나님의 생명을 전적으로 그리고 무조건적으로 자신의 생명으로 받아들일 뿐 아니라 그 타자에게 전적으로 자신을 내어 줄 때, 그렇게 함으로써 하나님에 대한 인간 응답의 표현과 열매와 기쁨과 아름다움과 선물이 될 때, 아가서에서처럼 왕이 "어여쁘고 아무 흠이 없구나"(아 4:7)라고 말하며 자신의 침실 안으로 들이는 여인이 될 때, 비로소 단순한 "생물학적 여성" 이상의 존재가 된다.

전통적으로 마리아는 새로운 하와라고 불려 왔다. 마리아는 첫째 하와가 실패했던 일을 해냈기 때문이다. 하와는 여성이 되는 일에 실패했다. 그녀는 자신이 주도권을 쥐었다. 그녀는 "제안했고", 그녀는 "생물학적 여성" 곧 출산의 도구이자 남성에게 "다스림 받는"(창 3:16) 존재가 되어 버렸다. 그녀는 자신과 또한 그녀가 "하와"로서 함께했던 그 남성을, 자신의 "생물학적 여성성"(femininity)의 노예로 만들어 버렸다. 삶 전체를 이성 사이에 벌어지는 어두운 전쟁으로 만들어 놓았다. 이 전쟁에서 서로 간의 "소유"는 실은 결코 죽지 않는 부끄러운 욕망을 죽이려는 폭력적이고 필사적인 욕망에 불과하다. 그러나 마리아는 "주도권을 쥐지" 않았다. 그녀는 다만 사랑과 순종 가운데 그 타자의 주도권을 기다렸고, 그 주도권이 나타나자 그것을 받아들였다. 이것은 결코 맹목이 아니라―그녀는 "어찌 이 일이 있으리이까"(눅 1:34)라고 물었다―사랑의 그 모든 명료성과 단순성과 기쁨을 가지고 하는 행위였다. 수태고지의 날, 우리는 그 결정적 응답―"주의 여종이오니 말씀대로 내게 이루어지이다"(눅 1:38)―을 듣는다. 이는 실로 우리에게 영원한 봄날의 빛이 임하는 순간이다. 이것은 창조세계 전체와 인류 전체와 우리

각자가, 자신의 궁극적 본성과 존재를 표현해 주는 말을 듣는 순간이다. 이는 우리가 하나님의 신부가 되기로 수락하는 것이요 영원토록 우리를 사랑하시는 분과 약혼을 맺는 것이다.

마리아는 동정녀다. 그러나 이 동정성은 어떤 부정이나 결여(absence)가 아니다. 이는 사랑 자체의 충만함이자 온전성이다. 이는 하나님께 대한 그녀의 자기양도의 완전성이며, 그녀의 사랑의 표현이자 질이다. 왜냐하면 사랑은 온전함, 완전성, 완성을 향한—궁극적 의미에서의 동정성을 향한—갈증이고 갈망이기 때문이다. 종말에 교회는 그리스도께 "정결한 처녀"(고전 11:2)로 바쳐질 것이다. 동정성은 모든 진정한 사랑의 목표이기 때문이다. "성"(sex)의 결여라서 그런 것이 아니라, 동정성은 사랑 안에서의 성의 완전한 완성이기 때문이다. "이 세상에서" 성은 이러한 완성에 대한 역설이면서 또한 비극적인 긍정이자 동시에 부정이다. 정교회는 성모탄생 축일(9월 8일 마리아 탄생을 기념—옮긴이)이나 성모입당 축일(11월 21일 마리아를 성전에 바친 날을 기념—옮긴이) 같이 언뜻 보기에는 "비성경적인" 마리아 축일들을 경축하는데, 사실 이것들은 성경에 대한 진정한 충실성을 보여주는 축일들이다. 이러한 축일들의 의미는 다름 아니라 동정녀 마리아를 전체 구원사(救援史), 즉 사랑과 순종, 응답과 기대로 점철되어 온 역사의 목적지이자 성취로 인정하는 것이기 때문이다. 그녀는 구약성경의 진정한 딸이요 가장 아름다운 마지막 꽃이다. 정교회가 동정녀 무염시태(Immaculate Conception, 마리아가 원죄 없이 태어났다고 말하는 교리—옮긴이) 교리를 거부하는 이유는 바로 그 교리가 마리아를 구약성경에 장구하게 이어져 내려온 사랑과 기대의 역사, "살아 계신 하나님을 향한 갈망"의 역사를 초자연적으로 "단절" 시키기 때문이다. 그녀는 세상이 하나님께 드리는 선물이다. 그녀의 탄생을 기리는 찬송가는 이를 다음과 같이 아름답게 표현해 준다.

> 주의 모든 창조물들이 주 앞에 감사의 선물을 들고 나옵니다.
> 천사들은 태양을 바치고
> 하늘은 별을
> 현인은 선물을
> 목자들은 경이감을…….
> 그리고 우리는, 동정녀이자 어머니이신 마리아를 주께 드립니다.

그러나 이러한 순종, 수락, 사랑을 완성하고 영화롭게 하는 이는 오직 하나님이시다. "성령이 네게 임하시고 지극히 높으신 이의 능력이 너를 덮으시리니…… 대저 하나님의 모든 말씀은 능하지 못하심이 없느니라"(눅 1:35-37). 오직 하나님만이 동정녀 마리아를 그분에게 인간의 사랑 전체를 드리는 이로서 계시하신다.

마리아는 어머니다. 어머니됨은 여성됨의 완성이다. 왜냐하면 어머니됨은 순종과 응답으로서의 사랑의 성취이기 때문이다. 자신을 내어 줌으로써 사랑은 생명을 주고, 생명의 원천이 된다. 우리는 아이를 갖기 위해서 사랑하는 것은 아니다. 사랑에는 정당화가 필요치 않다. 사랑이 생명을 주기 때문에 비로소 좋은 것이 되는 것은 아니다. 사랑이 생명을 주는 이유는 바로 사랑이 좋은 것이기 때문이다. 이처럼 마리아의 어머니됨의 기쁜 신비는 그녀의 동정성의 신비와 대립되지 않는다. 이는 동일한 신비다. 그녀는 그녀의 동정성에도 "불구하고" 어머니인 것이 아니다. 그녀는 그녀의 동정성이 곧 사랑의 충만이기에 어머니됨의 충만을 드러내는 것이다.

마리아는 그리스도의 어머니다. 그녀는 우리에게 오시는 하나님을 받아들이는—세상의 참 생명이신 그분께 생명을 드리는—사랑의 충만이다. 창조세계 전체가 그녀를 기뻐하는 것은, 그녀를 통해, 모든 삶, 모든 사랑의 목적과 완성이 그리스도를 받아들이는 것임을, 즉 우리 안에서 그분에게 생명을 드리는 것임을 알아보기 때문이다. 우리는 마리아에 대한 이러한 기쁨이 그리스도로부터 무언가를 앗아가지는 않을까, 오직 그분만이 받으셔야 하는 영광을 감소시키지는 않을까 두려워해서는 안 된다. 왜냐하면 우리가 그녀에게서 발견하는 것, 교회의 기쁨을 이루는 것은 다름 아니라 바로 그리스도에 대한 찬미, 그분에 대한 수락과 사랑의 충만이기 때문이다. 이는 전혀 "마리아 숭배"(cult of Mary)가 아니다. 오히려 교회의 "숭배"가 마리아로 인해 기쁨과 감사, 수락과 순종의 움직임이 된다. 지상에서의 유일한 완전한 기쁨인, 성령과의 결혼이 된다.

약혼식과 대관식

이제 다시 결혼 성례 이야기로 돌아가 보자. 앞서 보았듯이, 결혼 성례의 참 의미는 단순히 결혼과 가정생활에 종교적 "재가"를 주는 것, 자연적 가정 덕목들을 초자연적 은총으로써 강화시켜 주는 것이 아니다. 결혼 성례의 의미는 "자연적" 결혼을 "그리스도와 그분의 교회의 큰 신비" 속으로 끌어들임으로써 결혼에 새로운 의미를 부여해 준다는 데 있다. 다시 말해, 이 성례는 결혼뿐 아니라 실은 인간의 모든 사랑을 변모시켜 주는 성례다.

초대교회에는 결혼 예식이란 것이 따로 없었다는 사실에 주목할 필요가 있다. 두 그리스도인 사이의 결혼의 "성취"는 그들이 함께 성만찬에 참여하는 것으로 이루어졌다. 삶의 모든 측면들이 다 성만찬 속으로 모아졌듯이, 결혼도 공동체가 행하는 이 중심적 행위 안으로 넣어짐으로써 인증을 받았던 것이다. 이는 교회가 결혼의 사회적·법적 차원을 받아들였음을 뜻한다. 그러나 또한 이는 인간의 모든 "자연적" 삶이 그렇듯, 결혼 역시 교회 안으로 들여져야 하는 것, 즉 하나님 나라의 성례 안에서 심판받고, 구속받고, 변모되어야 하는 것으로 이해되었음을 뜻한다. 교회가 결혼 예식을 행할 수 있는 "공적"(civil) 권위까지 부여받게 된 것은 다만 후대에 이르러서다. 이는 교회가 결혼 예식의 "집례자"로 인정받게 되었지만, 또한 이때부터 점차 결혼의 점진적 "비성례화"(세속화)가 시작되었음을 의미한다. 결혼이 성만찬과 분리된 것은 이를 잘 보여주는 한 예다.

이제 우리는 왜 오늘날까지도 정교회에서는 결혼 의식이 두 개의 별개 예식—약혼식(betrothal)과 대관식(crowning)—으로 이루어져 있는지를 이해할 수 있다. 약혼식은 교회 안이 아니라 교회 현관에서 행해지는데, 이는 기독교적 형태의 "자연적" 결혼이다. 이때 사제는 결혼반지를 축복하고, 신랑 신부는 그 반지를 서로 교환한다. 그러나 이 자연적 결혼에서도 이미 처음부터 결혼의 참된 관점과 방향이 제시된다. 사제가 말한다. "오 주 우리 하나님, 주는 이방인들 가운데서 교회를 정결한 처녀로서 아내로 맞이하셨습니다. 이 약혼에 복 주시고, 여기 주의 종들을 평화와 한마음 가운데 하나로 연합시켜 주시며 보존해 주소서."

그리스도인에게 자연적이란 말은 자기만으로 충분하다는—"행복한 우리 집"—의미도, 무언가 불충분하다는—그래서 "초자연적인" 부가물을 통해 보강되고 완성되어야 한다는—의미도 아니다. 자연적 인간은 성취와 구속을 목말라 하고 갈망하는 인간이다. 이러한 갈증과 갈망이 하나님 나라의 현관이다. 그 나라가 시작되는 곳이자, 또한 그 나라로부터 추방되는 곳이다.

이렇게 자연적 결혼을 축복한 후에, 이제 사제는 신랑 신부를 장중한 행렬 가운데 교회 안으로 데리고 들어간다. 이것이 바로 이 성례의 참된 형태다. 왜냐하면 이 행렬은 결혼이 교회 안으로 들어오는 것을 단순히 상징하는 것일 뿐 아니라, 세상이 "장차 올 세상" 속으로 들어오는 것이요, 그리스도 안에서 하나님의 백성이 하나님 나라 속으로 들어가는 것이기 때문이다. 대관 의식은 단지 이러한 입장의 실재에 대한—물론, 아름다운, 또 아름다운 의미를 가진—후대의 표현일 뿐이다.

"오 주 하나님, 이들에게 영광과 영예의 관을 씌워 주소서!"라고 말하며 사제는 신랑 신부의 머리에 관을 씌워 준다. 이는 우선, 창조세계의 왕으로서의 인간의 영광과 영예를 뜻한다. "생육하고 번성하여 땅에 충만하라. 땅을 정복하라.……다스리라"(창 1:28). 실로 각 가정은 작은 나라이고, 작은 교회이며, 따라서 하나님 나라 성례의 하나이자 그 나라로 가는 길의 하나다. 인간은 누구나 어디선가에서—자그마한 방 안에서라도—자신만의 작은 나라를 갖고 있다. 그곳은 지옥이나 배반의 장소일 수도 있지만, 아닐 수도 있다. 모든 창문 안쪽에는 어떤 작은 세상이 존재하고 있다. 우리는 밤기차를 타고, 불 밝혀진 무수한 창문들 옆을 지나갈 때면 이를 분명히 볼 수 있다. 그 모든 창문 안쪽에선 삶의 충만이 "가능성"으로, 약속으로, 비전으로 주어져 있다. 결혼 예식에서 관은 바로 이것을 표현해 주는 것이다. 여기 한 작은 나라가, 하나님 나라를 닮은 무언가가 될 가능성이 있는 나라가 이제 시작되고 있다는 것이다. 물론 이 기회는 상실될 수도 있다. 하룻밤 만에 상실될 수도 있다. 그러나 지금 이 순간에는 여전히 열린 가능성이다. 아니, 비록 수천 번 이상 상실되었다 하더라도, 그 두 사람이 여전히 함께 머무는 한, 그들은 지금도 여전히 진정한 의미에서 서로에게 왕이자 왕비다. 40여 년의 세월이 흐른 후에도, 아담이 자기 곁에 여전히 머물고 있는 하와를 보는 것, 이들의 이런 연합은 실로 하나님 나라의 사랑에 대한 작은 선포다. 영화와 잡지에서 결혼의 "아이콘"은 늘 어떤 젊은 부부들이다. 그러나 전에 나는 파리의 한 초라한 공원 벤치에서, 가을 오후의 따사로운 햇살을 맞으며 앉아 있는 어느 가난한 노부부를 본 적이 있다. 서로 손을 잡고 있던 그들은 그렇게 아무 말 없이, 계절의 마지막 온기를, 그 옅어져 가는 빛을 즐기고 있었다. 침묵 속에서. 이제 모든 할 말은 다 했고, 모든 열정은 다 소진되었으며, 모든 폭풍은 다 가라앉았다. 이제 그들은 삶의 모든 것을 뒤로하고 있었다. 그러나 실은 그 순간 그 모든 것은 그들에게 현존하고 있었다. 그 침묵, 그 빛, 그 온기, 그 말 없이 잡은 두 손에서 말이다. 그렇다. 그것들은 참으로 현존하며, 영원을, 기쁨을 맞을 차비를 하고 있었던 것이다. 그 모습은 지금도 내게 결혼과, 그 천상적 아름다움에 대한 비전으로 남아 있다.

신랑과 신부가 쓰는 왕관의 두 번째 의미는 순교자의 영광과 영예다. 하나님 나라로 가는 길은 곧 순교(*martyria*)—그리스도를 증언하는 일—이며, 십자가와 고난을 의미하기 때문이다. 끊임없이 자신의 이기심과 자기만족을 십자가에 못 박지 않는 결혼, "스스로 죽고" 자기 너머를 지향하지 않는 결혼은 기독교적 결혼이 아니다. 오늘날 결혼의 진짜 죄는 간음도, "부적응"도, "정신적 학대"도 아니다. 진짜 죄는 가정 그 자체의 우상화, 결혼을 하나님 나라를 지향하는 것으로 이해하기를 거부하는 태도다. 이는 가족을 위해서라면 "무슨 일이라도", 심지어 도둑질도 할 수 있다고 말하는 요즘 정서에 잘 나타난다. 가정이 하나님의 영광을 위한 것이기를 그만둬 버린 것이다. 가정이 하나님의 현존으로 들어가는 성례적 입장(入場)이기를 그만둬 버린 것이다. 오늘날 가정이 쉽게 깨지고, 이혼이 마치 결혼에 늘 따르는 그림자처럼 되어 버린 것은, 가정을 중시하지 않기 때문이 아니라, 가정을 우상화했기 때문이다. 이 우상화는 결혼을 행복과 동일시하며, 결혼 안에 있는 십자가를 받아들이기를 거부한다. 사실, 기독교적 결혼에서는 셋이 결혼하는 것이다. 세 번째 분이신 하나님을 향한 두 사람의 일치된 충실이 그 둘을 하나님과, 또 서로와 역동적으로 연합하게 해준다. 하나님의 현존은 "자연적"이기만 한 결혼의 죽음이다. 그리스도의 십자가는 자연의 자기만족을

사랑의 신비

끝장낸다. 그러나 "십자가를 통해, 기쁨이 온 세상 속으로 들어왔도다." 십자가의 현존이야말로 결혼의 참 기쁨이다. 그 현존은 우리에게, 영원한 하나님 나라의 관점에서 결혼 서약은 "죽음이 우리를 갈라놓을 때까지"가 아니라, "죽음이 우리를 완전히 하나가 되게 할 때까지"라는 기쁨에 찬 확신을 가져다준다.

이제 우리는 그 왕관의 세 번째, 마지막 의미에 이른다. 그 왕관은 하나님 나라의 왕관, 궁극적 실재의 왕관이며, 이제 "이 세상"의 모든 것들은—이 세상의 외형은 지나가기에(고전 7:31)—그 나라, 그 실재의 성례적 표지와 예기(豫期)가 된다. "주의 나라에서 그들의 왕관을 받으소서." 사제는 그 신혼부부의 머리에서 왕관을 벗기며 이렇게 말한다. 이 말은, 이 결혼을 오직 하나님만이 목적이요 충만으로 삼는 완전한 사랑 안에서 자라가게 만들라는 의미다.

대관식 후에 부부에게 주어지는 공동의 잔은 요즘 보통 "공동생활"의 상징이라고 설명된다. 결혼의 "비성례화", 결혼의 "자연적 행복"으로의 전락을 이보다 더 잘 보여주는 것은 없다. 과거에 이 잔은 다름 아니라 성만찬의 잔, 그리스도 안에서의 결혼 성취에 대한 궁극적 인증으로서의 잔이었기 때문이다. 우리 공동생활의 핵심은 바로 그리스도여야 한다. 그분은 곧 하나님의 자녀들이 마시는 새 생명의 포도주다. 그 잔에 참여함으로써 우리는, 이 세상에서는 점점 나이 들어 가지만, 결코 저물지 않는 삶 속에서 실은 점점 더 젊어져 가는 길이 무엇인지를 선포한다.

결혼 예식이 끝나면, 신부와 신랑은 손을 잡고 사제를 따라 행렬을 이루며 성찬대 주위를 돈다. 원형 행렬은 세례 때와 마찬가지로 이제 막 시작된 영원한 여정을 가리켜 준다. 즉, 결혼은 함께 손잡고 걸어가는 행렬이며, 이제 막 시작된 것의 연속이며, 늘 기쁘지만은 않겠지만 늘 기쁨과 관련되고 기쁨으로 채워질 수 있는 가능성을 가진 노정임을 나타낸다.

사제직 성례와의 유사성

사랑의 성례로서의 결혼 성례의 참된 보편적·우주적 의미를 무엇보다 잘 표현해 주는 것으로, 결혼 성례와 서품 예전, 즉 사제직 성례와의 예전적 유사성을 들 수 있다. 이 유사성은 두 성례 모두 동일한 실재를 가리키고 있음을 말해 준다. 두 성례는 동일한 실재를 나타내 주는 현시다.

수세기에 걸친 "성직권주의"(clericalism)는 사제나 교역자를 교회 안에서 어떤 고유하고 특별한 "신성한" 소명을 가진 구별된 이들로 만들어 왔다(우리는 성직권주의가 소위 "위계적"[hierarchical]이고 "예전적인" 교회에만 국한된다고 생각해서는 안된다). 그 소명은 다른 모든 "속된" 소명들과 단순히 다를 뿐 아니라 실로 반대되는 것으로 여겨져 왔다. 이것이 바로 성직 심리학과 교육의 은밀한 원천이었고, 지금도 그렇다. 따라서 "평신도"라는 말은 점차 무언가 결여된 사람, (여기에) 속하지 않는 사람이라는 말과 동의어가 되어 버렸다. 그러나 본래 "평신도"(laity, layman)는 '라오스'(*laos*), 즉 하나님의 백성 전체를 가리키는 말로서, 적극적 의미를 가졌을 뿐 아니라 "성직자"까지도 포함하는 포괄적인 말이었다. 그러나 오늘날, 자신을 물리학에서 'layman'(문외한)이라고 말하는 것은 자신은 그 학문에 대해 무지하며, 전문가 집단에 속하지 않는다는 것을 인정하는 말이 되었다.

수세기 동안 성직 신분은 사실상 "초자연적인" 것으로 높임을 받아 왔으며, "성직자는 존경심으로 대해야 한다"는 말에는 약간의 신비적 경외감마저 바탕에 깔려 있었디. 만일 앞으로 언젠가 신학교에서 성직자 병리학—진작부터 있어야 했던 학문—을 가르친다면 가장 먼저 "성직 소명"이 실은 "초자연적 존경"에 대한 병적인 갈망에—특히 "자연적" 존경을 받을 가능성이 희박할 경우—뿌리박고 있다는 사실을 발견할 수 있을 것이다. 세속 사회는, 마치 묘지 앞에서 "경의를 표하듯" 성직자 앞에서 "경의를 표한다." 둘 다 필요한 것이고, 둘 다 신성한 것이며, 둘 다 삶 바깥의 것이다.

그러나 성직권주의와 세속주의로 인해 우리는, 사제가 된다는 것이 심오한 관점에서 보면 세상에서 가장 자연스러운 일이라는 사실을 망각한다. 인간은 본래 세상의 사제로, 사랑과 찬양의 제사 가운데 하나님께 세상을 봉헌하는 존재로, 이러한 영원한 성만찬을 통해 세상에 신적 사랑을 가져다주는 존재로 창조되었다. 이런 의미에서 사제직은 실은 인간됨의 본질, 창조된 세상의 "여성됨"에 대해 인간이 맺는 창조적 관계의 본질이다. 그리스도는 유일한 참된 사제이신데, 그분만이 참되고 완전한 인간이시기 때문이다. 그분은 새로운 아담으로서, 아담이 이루지 못했던 존재목적을 회복시키셨다. 아담은 세상의 사제가 되는 일에 실패했고, 이 실패로 인해 세상은 신적 사랑과 현존의 성례가 되기를 그쳤으며, 그저 "자연"이 되어 버렸다. 이러한 "자연적" 세상 속에서 종교는 초자연적인 것과의 조직화된 거래가 되었고, 사제는 자연과 초자연 사이에서 이러한 거래를 중개(仲介)하는 존재로 구별되었다. 이러한 중개가 사람들에게 마법―초자연적 힘―으로 이해되었느냐, 아니면 율법―초자연적 요구―으로 이해되었느냐 하는 것은 종국적으로는 그다지 중요한 문제가 못된다.

그러나 그리스도는 사제직의 본질이 사랑임을 계시하셨다. 사제직이 삶의 본질임을 계시하신 것이다. 그분은 사제적 종교의 마지막 희생자로 죽으셨고, 그분의 죽음은 사제적 종교를 죽게 만들었고, 사제적 삶을 시작시켰다. 그분은 사제들, "성직자들"에게 죽임을 당하셨지만, 그분의 희생은 그들을 "종교"와 더불어 모두 폐지시키셨다. 그분의 희생으로 종교가 폐지된 것은, 그 희생이 "자연"과 "초자연", "속된" 것과 "성스러운" 것, "현세적인" 것과 "내세적인" 것을 나누는 벽―즉, 종교의 유일한 정당화이자 존재이유(raison d'eter)―을 허물어뜨렸기 때문이다. 그분은 모든 것, 모든 자연의 목적과 성취가 하나님 나라에 있음을, 모든 것은 사랑으로 새롭게 되어야 한다는 것을 계시하셨다.

교회에 사제와 사제 소명(vocation)이 존재하는 이유는, 모든 직업(vocation)의 사제적 본질을 계시하며, 모든 이들의 삶 전체를 하나님 나라의 성례로 만들며, 교회를 구속받은 세상의 왕 같은 제사장으로 드러내기 위함이다. 다시 말해, 이는 "구별된" 소명이 아니라, 하나님의 아들로서의 인간의 소명에 대한, 하나님 나라의 성례로서의 세상을 향한 사랑의 표현이다. 지금 우리는 이 세상에 살고 있으며, 이 세상 안에 있는 것은 그 무엇도 하나님 나라가 아니며, "이 세상"은 결코 하나님 나라가 되지 않을 것이기에 사제들이 있을 수밖에 없다. 교회는 세상 안에 있지만, 세상에 속해 있지는 않다. 교회는 세상에 속해 있지 않을 때, 비로소 "장차 올 세상", 즉 모든 것을 옛 것으로, 그러나 하나님의 사랑 안에서는 새롭고 영원한 것으로, 계시해 주는 저 너머의 세상을 계시하고 현시해 줄 수 있기 때문이다. 따라서 이 세상 안에서는 어떤 직업도 스스로 사제직이 될 수는 없다. 그러므로 직업(vocation)을 갖지 않는 것, 모든 사람에게 모든 것이 되는 것(고전 9:22), 모든 것의 목적과 의미는 그리스도 안에 있음을 드러내 주는 것을 자신의 특유한 소명(vocation)으로 삼는 사람이 있어야만 한다.

누구도 스스로 사제가 되기로 결정할 수는 없다. 누구도 자신의 자질이나 자격이나 성향에 기초하여 스스로 사제직을 떠맡을 수는 없다. 소명은 언제나 위로부터—하나님의 서품과 명령으로부터—오는 것이다. 사제직은 교회의 교만이 아니라, 교회의 겸손을 드러내 주는 것이다. 왜냐하면 사제직은 교회가 그리스도의 사랑에, 즉 그분의 유일무이하고 완전한 사제직에 온전히 의존하고 있음을 드러내 주기 때문이다. 사제가 서품 때 받는 것은 "사제직"이 아니라, 그리스도의 사랑의 선물이다. 그리스도를 유일한 사제이게 해주는 그 사랑 말이다. 이 사랑은 그리스도가 자신의 백성에게 보내시는 사람들의 사역을 그리스도의 유일무이한 사제직으로 충만하게 해준다.

이러한 이유로 서품 성례가 결혼 성례와 동일성을 보인다. 두 성례는 모두 사랑의 현시다. 사제는 교회와 결혼한 사람이다. 남녀의 결혼이 그리스도와 그분의 교회의 신비 안으로 들여져서 하나님 나라의 성례가 되듯이, 교회와 사제의 결혼은 사제를 참으로 사제이게, 즉 세상을 변모시키고 교회를 그리스도의 정결한 신부로 드러내 주는 사랑의 참된 교역자로 만들어 준다.

최종 요지는 이것이다. 우리 중에는 결혼한 이들도 있고 그렇지 않은 이들도 있다. 어떤 이들은 사제와 교역자로 부름을 받았고, 어떤 이들은 그렇지 않다. 그러나 결혼이나 사제직 성례는 모두 우리와 관계된 일이다. 왜냐하면 그 둘 모두 우리의 삶이 소명이라는 사실과 관계된 것이기 때문이다. 모든 소명의 의미, 본질, 목적은 바로 그리스도와 그분의 교회의 신비다. 우리는 교회를 통해 소명 중의 소명은 바로 충만한 사제이신 그리스도를 따르는 것임을, 인간과 세상을 향한 그분의 사랑, 인간과 세상을 하나님 나라의 풍성한 생명 가운데 궁극적 성취에 이르게 하시는 그 사랑을 따르는 것임을 발견하게 된다.

6
죽음으로 죽음을 짓밟으셨도다

죽음에 대한 기독교의 이해

오늘 우리는 죽음을 부인하는 문화 가운데 살고 있다. 일반 가정집들과 별반 다르지 않게 보이려고 애쓴, 요즘의 장례식장 건물에서 이를 분명히 볼 수 있다. 그 안에서 "장의사"는 어떻게든 슬픔이 표출되지 않도록 일을 기획하고, 장례식 분위기를 거의 즐겁게 만들기조차 한다. 죽음이라는 우악스런 현실에 대해 신기하리만치 일치된 침묵을 지키고 시신도 죽음이 감춰지게끔 곱게 "단장"한다. 그러나 과거에는, 아니 심지어 지금도—삶을 긍정한다는 현대 시대에도—"죽음 중심의" 문화들이 또한 존재한다. 여기서 죽음은 모든 것을 포괄하는 최고 관심사이며, 삶은 주로 죽음에 대한 준비 과정으로 여겨진다. 어떤 이들에게 장례식장은 죽음을 생각지 못하게 하는 장소이지만, 어떤 이들에게는 침대나 탁자 같은 "실용품"들조차도 죽음을 상징하고 상기해 주는 것이 된다. 그들은 침대에서도 죽음의 이미지를 보고, 탁자 위의 작은 상자에서도 관을 떠올린다.

그렇다면, 이런 문화들에 대한 기독교의 입장은 무엇인가? 물론, 한편으로, "죽음의 문제"는 기독교 메시지에서 중심적이고 핵심적인 위치를 차지하고 있다. 그 메시지는 죽음에 대한 그리스도의 승리를 선포하며, 기독교의 원천이 다름 아닌 그리스도의 승리에 있기 때문이다. 그러나 다른 한편으로, 이 메세지가 분명히 선포되어 왔음에도 불구하고, 죽음에 대한 인간의 근본적 태도들에는 진정한 영향을 끼치지 못했다. 사실, 기독교는 죽음에 대한 그러한 태도들에 자신을 "적응"시켰고, 그것들을 자신의 것으로 받아들였던 것이다. 새로운 마천루나 세계적 박람회 등을 근사한 설교를 통해 하나님에게 헌정하는 일, "원자력 시대"의 위대한 진보적 생명 긍정의 흐름에 선도적으로 나서지 않더라도 거기에 참여하는 일, 기독교를 이런 모든 분주하고 삶 중심적인 활동들의 원천으로 제시하는 일 등은 그리 어려운 일이 아니다. 마찬가지로, 장례식이나 은퇴식 설교 때 삶을 고통과 허무의 골짜기로, 죽음을 해방으로 제시하는 일 또한 어려운 일이 아니다.

교회의 입장을 대표하는 이로서 교역자는 **두 가지 언어**를 모두 사용하며, 이 두 가지 태도를 모두 견지하지 않을 수 없다. 그러나 정직한 교역자라면 그는 이 두 가지 언어와 태도 모두에 "무언가 결여되어 있다"는 느낌, 그것도 **기독교적 요소** 자체가 결여되어 있다는 느낌을 가질 수밖에 없다. 왜냐하면 기독교를 본질적으로 삶을 긍정하는 것으로—이러한 긍정을 그리스도의 죽음과, 또 죽음이라는 현실과 관련시키지 않은 채—제시하고 설교하는 것, 기독교에게 있어서 죽음은 단순히 끝이 아니라, 실로 **이 세상**의 실재 자체라는 사실에 대해 침묵을 지키는 것은 기독교의 메시지를 왜곡하는 것이기 때문이다. 그러나 이 세상을, 죽음에 대한 개인적 준비만을 위한 아무 의미 없는 곳으로 만듦으로써 사람들을 "위로"하고 그들을 죽음과 화해시키는 것 또한 기독교의 메시지를 왜곡시키는 것이다. 기독교가 선포하는 메시지는, 그리스도가 세상으로부터의 "영원한 안식"을 주시기 위해서가 아니라 세상의 생명을 위해 죽으셨다는 것이기 때문이다. 이러한 "왜곡"은 기독교의 성공 자체를 (공식 자료에 따르면 현재 교회 건물과, 교회에 대한 1인당 기부금 수준은 역사상 최고다!) 크나큰 비극으로 만들어 버린다. 왜냐하면 세상 사람들은 교역자가 낙관적이고 진보적인 세상에 대한 자신의 믿음을 지지해 주는 동료 낙관주의자이기를 원하기 때문이다. 그리고 종교적인 사람들은 교역자가 세상의 허무함과 헛됨에 대해 심각하고 비장하며 위엄 있게 비난을 퍼부어 주는 사람이기를 원하기 때문이다. 세상은 종교를 원하지 않으며, 종교는 기독교를 원하지 않는다. 전자는 죽음을 거부하고, 후자는 삶을 거부하기 때문이다. 따라서 삶을 긍정하는 세상의 세속적 경향에서 보나, 아니면 그런 경향에 반대하는 이들의 병적인 종교성에서 보나 기독교는 엄청난 좌절을 안겨 준 존재다.

그리스도인들이 지금처럼 기독교를 사람들에게 **도움**을 주는 것이 목적인 종교로 이해하는 한, 즉 "옛 종교"의 특징인 "실용적인 [것으로서의]" 자의식을 견지하는 한, 기독교는 계속 이렇게 좌절을 안겨다 주는 것일 수밖에 없다. 왜냐하면 도움을 주는 것, 특히 사람들의 죽음에 도움을 주는 것은 실은 종교의 주된 역할 중 하나였기 때문이다. 종교는 늘 죽음을 **설명**하고자 했던 시도, 인간을 죽음과 화해시키려 했던 시도였다. 「파이돈」에서 플라톤은 죽음을 바람직하고, 심지어 좋은 것으로 만들고자 얼마나 애를 썼던가! 또 그의 영향으로 그 후 얼마나 많은 사상들이 죽음을 변화와 고통이 있는 이 세상으로부터 해방되는 것으로 말해 왔던가! 죽음은 하나님이 만든 것이며, 따라서 괜찮은 것이라는 합리화를 통해, 또 사실 죽음은 삶의 패턴의 일부라는 주장을 통해 인간은 스스로를 위로해 왔다. 인간은 죽음에서 여러 의미를 찾아내기도 했고, 노쇠한 노년보다는 죽음이 더 낫다고 애써 믿기도 했다. 또 인간은 영혼 불멸이라는—인간은 죽어도, 적어도 그의 어떤 일부는 살아남는다는—교리를 만들어 내기도 했다. 그러나 이 모든 것은 죽음의 경험이 갖는 그 무시무시한 유일무이성을 희석시키려고 했던 인류의 오랜 시도였다.

기독교 역시 **종교**이기에 종교의 근본적 역할, 즉 죽음을 "정당화"해 주고 그로써 사람들에게 **도움**을 주는 역할을 받아들이지 않을 수 없었다. 더욱이 그 과정에서 기독교는 모든 종교의 공통점이라 볼 수 있는, 죽음에 대한 옛 고전적 설명들도 상당 부분 자기 것으로 흡수했다. 사실, 영적인 것과 물질적 것의 대립에 기초하고 있는 영혼 불멸 교리나, 죽음을 해방이라고 말하는 교리나, 죽음을 형벌이라고 말하는 교리 등은 모두 기독교 교리가 아니다. 그런 교리들을 기독교 세계관 속으로 받아들인 것은 기독교 신학과 신심을 명료하게 해준 것이 아니라 손상시켰다. 그것들은 기독교가 "종교적인" (즉, 죽음 중심적인) 세상에 몸담고 있을 동안에는 "소용"이 되었다. 그러나 세상이 죽음 중심적인 옛 종교를 벗어 던지고 "세속적인" 세상이 되자, 곧 그것들의 소용은 그쳐 버렸다. 그런데 세속적인 세상이 된 것은, 세상이 "비종교적"이고 "유물론적"이고 "피상적"이 되었기 때문이 아니다. 또—지금도 많은 그리스도인들이 이렇게 생각하고 있지만—세상이 "종교심을 잃어버렸기" 때문도 아니다. 세속적인 세상이 된 것은, 다름 아니라 옛 종교들이 제시했던 설명들이 실은 참된 설명이 아니었기 때문이다. 그리스도인들은 옛 종교로부터의 해방에 있어서 실은 기독교가 주된 역할을 해왔다는 사실을 잘 모르고 있는 경우가 많다. 기독교는 삶의 충만을 가져오는 메시지를 통해 인류를 종교의 두려움과 비관주의로부터 해방시키는 일에 그 무엇보다도 큰 기여를 해왔다. 이런 의미에서 세속주의는 기독교 세계 안에서 일어난 한 현상, 기독교 없이는 일어날 수 없었을 현상이라고 볼 수 있다. 사실 세속주의는, 기독교가 스스로를 "옛 종교"와 동일시하는 만큼, 기독교가 자신이 허물어뜨린 죽음과 삶에 대한 옛 "설명들"과 "교리들"을 세상에 강요하는 만큼 기독교를 거부하는 것이다.

그러나 세속주의를 단순히 "종교의 부재"로 생각하는 것은 큰 잘못이다. 사실 세속주의는 그 자체가 하나의 종교로서, 죽음에 대한 나름의 설명이며 죽음과의 화해다. 세속주의는 이 세상이 미지의 "다른 세상"의 견지에서 설명되는 것에 신물이 난 이들, 우리의 삶이, 알 수 없는 "(사후) 생존"의 견지에서 설명되는 것에 신물이 난 이들, 다시 말해, 삶이 죽음의 견지에서 "가치"를 부여받는 것에 신물이 난 이들의 종교다.

세속주의는 삶의 관점에서 죽음을 "설명"한 것이다. 세속주의자는 이렇게 생각한다. '우리가 아는 유일한 세상은 이 세상이며, 우리에게 주어진 유일한 삶은 이 삶이다. 따라서 이 삶을 가능한 한 의미 있고 윤택하고 행복하게 만드는 것은 우리 인간들의 몫이다. 삶은 죽음으로 끝난다. 이는 즐겁지 못한 일이긴 하지만, 죽음은 자연적이고 보편적인 현상이기에 인산이 이에 내해 할 수 있는 최선은 죽음을 그저 자연적인 일로 받아들이는 것이다. 그러나 인간은 살아 있는 동안은 죽음에 대해 생각할 필요가 없으며, 마치 죽음이 존재하지 않는 것처럼 살아야 한다. 죽음에 대해 잊을 수 있는 가장 좋은 길은 바쁘게 사는 것이며, 유용한 일을 하는 것이며, 위대하고 고귀한 일에 헌신하는 것이며, 세상을 점점 더 나은 곳으로 만들어 가는 것이다. 만일 신이 존재하고(굉장히 많은 세속주의자들이 신의 존재와 그들의 공동 및 개인적 사업에 대한 종교의 유용성을 확신하고 있다), 만일 그 신이 자신의 사랑과 자비 가운데(인간에게는 누구나 단점이 있기에) 우리의 분주하고 유용하고 의로운 삶을 훗날 영원한 휴가—전통적으로 "불멸"이라고 불렸던 것—로 보상해 준다면, 이는 참 고마운 일이다. 하지만 어쨌거나 불멸은 (영원한 것이라고는 하나) 이 세상에서의 삶에 붙는 부록에 불과하며, 우리의 모든 관심, 모든 참 가치는 오직 이 삶에서만 발견될 수 있다.' 미국식 "장례식장"은 실로 이러한 세속주의 종교의 상징물이라 할 수 있는데, 왜냐하면 (다른 집들과 별반 다르지 않게 지어진) 그 건물은 죽음을 그저 자연적인 것으로 대수롭지 않게 받아들이는 태도, 삶 속에 들어와 있는 죽음의 **현존**을 부인하는 이 종교의 태도를 더없이 잘 표현해 주기 때문이다.

세속주의는 하나의 종교로서, 나름의 믿음과 나름의 종말론과 나름의 윤리를 가지고 있다. 이 종교 역시 우리에게 "소용"이 되고 "도움"을 준다. 솔직히 말하자면, 만일 "도움" 여부가 판단의 척도라면, 우리는 삶 중심적 세속주의가 실은 종교보다 우리에게 더 큰 도움이 된다는 것을 인정하지 않을 수 없다. 종교가 세속주의와 경쟁하려면 "삶 적응"이니 "상담"이니 "삶의 질"이니 하는 것들을 내세우며 자신을 제시해야 하며, 지하철이나 버스 등에 "여러분의 동반자 은행"이나 "친절한 딜러" 같은 것들과 나란히 자신을 유용한 무엇으로 광고해야 한다. '한번 이용해 보십시오. 그러면 도움이 될 것입니다!' 세속주의 종교가 얼마나 대단한 성공을 거두었는지, 기독교 신학자들 중에는 이제 우리는 "초월"이라는 개념을, 즉 "하나님"이라는 개념을 "포기"해야 한다고 말하는 이들마저 생겨났을 정도다. 이는 우리가 현대인들에게 "이해"되고 "받아들여"지고자 한다면, 20세기의 영지주의를 전파하고자 한다면, 우리가 지불하지 않을 수 없는 대가다.

그러나 우리는 바로 여기서 문제의 핵심을 만난다. 기독교에서 도움은 판단의 척도가 아니다. 진리가 척도다. 기독교의 목적은 사람들을 죽음과 화해시킴으로써 그들을 돕는 것이 아니라, 삶과 진리에 대한 진리를 계시함으로써 사람들이 그 진리에 의해 구원을 받도록 하는 것이다. 그리고 구원은 단순히 도움과 다른 것일 뿐 아니라, 실은 그것과 대립되는 것이기도 하다. 기독교가 종교와 세속주의를 문제 삼는 것은 그것들이 "불충분한" 도움을 주기 때문이 아니라, "충분한" 도움을 주기 때문, 즉 그것들이 사람의 필요를 "만족"시켜 주기 때문이다. 만일 기독교의 목적이 죽음의 두려움을 없애 주는 것, 인간을 죽음과 화해시키는 것이었다면, 기독교는 존재할 필요가 없었을 것이다. 왜냐하면 다른 종교들이 이미 그런 일을 해왔고, 또 사실상 기독교보다 더 잘 해왔기 때문이다. 세속주의 역시 모종의 대의를 이루기 위해 기꺼이 죽음도 감수할 수 있는 사람들을 양산해 왔다.

기독교는 죽음과의 화해기 아니다. 기독교는 죽음의 게시다. 기독교가 죽음의 계시인 것은 기독교가 생명의 계시이기 때문이다. 그 계시되는 생명이란 바로 그리스도다. 그리스도가 생명으로 계시되기에, 기독교의 선포에 있어서 죽음은 설명되어야 할 "신비"가 아니라 멸망당한 원수다. 종교와 세속주의는 죽음을 설명함으로써 죽음에게 어떤 "지위", 어떤 근거를 주며, 그것을 "정상적인" 것으로 만든다. 그러나 기독교만은 죽음을 **비정상적인** 것으로, 따라서 참으로 끔찍한 무엇으로 선언한다. 나사로의 무덤에서 그리스도는 눈물을 흘리셨고, 죽음의 시간이 다가오자 "심히 놀라시며 슬퍼하"셨다(막 14:33). 그리스도의 빛 가운데서 볼 때, **이** 세상과 **이** 삶은 이미 길 잃은 것들로서, "도움"이 아무 소용없는 것들이다. 이는 그것들 안에 죽음의 두려움이 있어서가 아니라, 그것들이 죽음을 받아들였고 정상화시켰기 때문이다. 하나님의 세상을 어떤 "다른 세상"—공동묘지("영원한 안식")와 같은—에 의해 폐해지고 대체되어야 할 거대한 우주적 공동묘지로 여기고 이를 종교라 부르는 것, 이런 우주적 공동묘지에 살며 매일 수천의 시신들을 "처리"하면서 "정의로운 사회" 운운하며 흥분하고 여기서 행복해 하는 것! 이런 것이 바로 인간의 타락이다. 인간이 타락한 존재임을 보여주는 것은 인간의 비도덕성이나 범죄가 아니다. 그것은 다름 아니라 인간의 "적극적 이상"—종교적이거나 세속적인—과, 그러한 이상에 만족해 하는 인간의 모습이다. 이러한 타락은 오직 그리스도에 의해서만 참으로 계시될 수 있다. 왜냐하면 오직 그리스도 안에서 **삶의 충만**이 우리에게 계시되기 때문이다. 이때 비로소 죽음은 "무시무시한" 것, 생명으로부터의 추락(fall), 원수가 된다. 하나님의 현존의 성례, 하나님과의 교통이 되게 하라고 인간에게 주어진 것은 ("다른 세상"이 아니라) 바로 **이 세상**이며, ("다른 삶"이 아니라) 바로 지금 **이 삶**이다. 인간이 하나님과의 교통으로 "변모시킴"으로써 자신의 **존재목적**을 이뤄야 할 것은 바로 이 세상, 이 삶이다. 이렇게 죽음의 공포는 죽음이 "끝"이라는 사실이나 육체가 파괴된다는 사실에 있는 것이 아니다. 그것은 죽음은 세상과 삶으로부터의 분리로서 곧 **하나님으로부터의 분리**라는 점에 있다. 죽은 이들은 하나님을 영화롭게 할 수 없기 때문이다. 다시 말해, 우리가 죽음을 하나님의 원수라고 말하는 기독교 메시지의 의미를 깨닫게 되는 것은 오직 그리스도가 우리에게 참 생명을 계시해 주실 때다. 죽음에 대한 승리가 시작되는 것은 바로 참 생명(이신 분)이 친구의 무덤 앞에서 눈물을 흘릴 때, 참 생명(이신 분)이 죽음의 공포를 관상할 때다.

치유 성례

그러나 죽음(death)이 있기 전에 먼저 **죽어감**(dying)이 있다. 육체적 쇠퇴와 질병에 의해 우리 안에서 죽음이 점점 자라는 과정 말이다. 여기서도 기독교의 접근법은 현대세계의 접근법이나 "종교적인" 접근법과 다르다. 현대의 세속적 세상에서 건강은 모름지기 인간의 정상적 상태다. 질병은 싸워서 이겨야 할 대상이며, 이 싸움을 현대 세상은 실로 잘 싸우고 있다. 병원이나 의학은 그 최고 위업들 중에 속한다. 그러나 건강에는 결국 한계가 있고, 죽음이 온다. "과학적 수단들"이 바닥나는 때가 온다. 그러면 현대 세상은 이를, 죽음을 받아들일 때처럼 대수롭지 않게 능숙하게 받아들인다. 환자가 죽음에 굴복하면, 그래서 병실에서 퇴실되어야 하는 때가 오면, 이 일은 조용히, 적절히, 위생적으로 처리된다. 일상적 일과의 일부로서 말이다. 사람이 살아 있는 동안에는 그를 계속 살게 하기 위해 할 수 있는 모든 일을 다 해야 한다. 살 가망이 전혀 없는 사람에게도 그 사실을 알려 주어서는 안된다. 죽음은 절대 삶의 일부가 되어서는 안된다. 병원은 사람이 죽는 곳임을 모르지 않지만, 사람들의 일반적 기분과 정서는 즐겁고 낙관적이다. 현대 의학이 효율적으로 돌보고 있는 대상은 생명이지, 필멸의 생명이 아니다.

반면 종교적 관점은 건강이 아니라 질병을 인간의 "정상적" 상태로 여긴다. 이 필멸하고 변화하는 물질 세상에서 고통과 병과 슬픔은 삶의 정상적 조건들이다. 병원도 있어야 하고 치료도 받아야 하지만, 이는 종교적 의무로서 하는 일이지 건강 그 자체에 진정으로 관심이 있어서 하는 일은 아니다. 종교적 관점에서 건강과 치료는 하나님의 자비이며, 진짜 치료는 "기적적"인 것이다. 그리고 이런 기적을 하나님이 행하시는 것은, 건강이 좋은 것이어서가 아니라, 그것이 하나님의 능력을 "증명"

해 주고 인간을 다시 하나님께 돌아가게 해주기 때문이다.

그 궁극적 함의를 볼 때, 이 두 접근법은 서로 양립할 수 없다. 이 문제에 있어서 그리스도인들의 사고의 혼란상을 무엇보다 잘 보여주는 것은, 오늘날 그리스도인들이 그 둘 모두를 똑같이 타당하고 옳은 것으로 받아들이고 있다는 사실이다. 세속 병원의 문제는 기독교 예배당을 설치하는 것으로 해결하고, 기독교 병원의 문제는 그것을 최대한 현대적이고 과학적으로—즉, "세속적"으로—만드는 것으로 해결한다. 그러나 앞서 분석했던 이유들로 해서, 실은 그간 종교적 접근법은 세속적 접근법에 점차 굴복해 왔다. 그래서 현대의 교역자는 의사의 "조력자"일 뿐 아니라 나름의 "치료사"(therapist)다. 온갖 종류의 치료 목회(pastoral therapy), 병실 심방, 환자 돌봄의 기술들—신학교 수업 목록을 가득 차지하고 있는—이 이를 잘 보여준다. 그러나 이런 것을 과연 **기독교적인** 접근법이라 할 수 있을까? 만일 아니라면, 이는 우리가 그저 옛 "종교적" 접근법으로 돌아가야 한다는 말인가?

대답은 '아니다'이다. 그것은 기독교적 접근법이 아니다. 또한 우리는 단순히 옛 종교적 접근법으로 "되돌아"가서도 안된다. 대신, 우리는 인간의 삶에 대한, 고통과 질병에 대한 **성례적** 비전을 발견해야 한다. 불변하면서도 늘 현시대적인 비전, 그리스도인들에 의해서도 망각되고 오해될 때가 있었지만 그럼에도 늘 교회의 것이었던 그 비전 말이다.

교회는 **치유**를 성례의 하나로 여긴다. 그러나 교회를 "종교"와 전적으로 동일시해 온 오랜 세기에 걸친 오해(이로 인해 성례와, 성례에 대한 교리 전체가 해를 입었다)로 인해, **성유(聖油) 성례**는 급기야 죽음 성례, 인간으로 하여금 영원으로 안전하게 옮겨가게 해주는 "최후의 의식들" 중의 하나가 되어 버렸다. 오늘날 그리스도인들 사이에 치유에 대한 관심이 점증함에 따라, 이 성례는 자칫 건강 성례, 즉 세속 의학의 유용한 "보완물" 정도로 이해될 위험마저 있다. 이 두 견해들은 모두 잘못된 것이다. 왜냐하면 둘 다 이 행위의 성례적 본질 자체를 놓치고 있기 때문이다.

앞서 보았듯이, 성례는 **옮겨감**이고 **변모**이다. 그러나 이는 "초자연" 속으로 옮겨가는 것이 아니라 하나님 나라 안으로, 장차 올 세상 속으로, 이 세상의 참 실재 속으로, 그리스도에 의해 구속되고 회복된 생명 속으로 "옮겨가는" 것이다. 이는 "자연"이 "초자연"으로 변모되는 것이 아니라, 옛 것이 새 것으로 변모되는 것이다. 따라서 성례는 하나님이 "자연 법칙"을 깨뜨리는 "기적"이 아니라, 세상과 삶, 인간과 자연, 그리고 진리이신 그리스도를 나타내 보여주는 현시다.

치유가 성례인 것은 이 성례의 목적이 건강 자체, 즉 육체적 건강의 회복에 있기 때문이 아니라, 인간이 하나님 나라 속으로, 성령의 "기쁨과 평강" 속으로 들어가는 것에 있기 때문이다. 그리스도 안에서 이 세상의 모든 것, 즉 건강과 병, 기쁨과 고통 등은 이 새로운 삶 속으로의 승천과 입장이 되고, 그 기대와 예기가 된다.

이 세상에서 고통과 병은 실로 "정상적인" 것이지만, 그 "정상성" 자체가 실은 비정상적인 것이다. 고통과 병은 인간과 삶의 궁극적이고 항구적 패배를, 그 패배는 그 어떠한 부분적 의학적 승리로도—아무리 놀랍고 기적적인 것이라 해도—궁극적으로는 극복할 수 없는 것임을 나타내 준다. 그러나 그리스도 안에서 고통은 "제거되는" 것이 아니라,

승리로 변모된다. 그 패배 자체가 승리가 되고, 하나님 나라로 가는 길이 되며, 그리로 들어가는 입구(entrance)가 된다. 이것만이 진정한 치유다.

여기 병상에 누워 고통스러워 하는 한 인간이 있고, 그에게 교회가 찾아와 치유 성례를 행한다. 이 세상 모든 이들에게와 마찬가지로 이 사람에게도 고통은 패배일 수 있다. 어둠과 절망과 고독에 대한 완전한 굴복일 수 있다. 이는 정말로 죽어가는 것일 수 있다. 그러나 이는 또한 인간이, 그 안에 있는 생명이 거두는 궁극적 승리일 수 있다. 교회가 이 사람에게 온 것은 건강을 회복시켜 주기 위함이나, 의학으로 어찌할 수 없을 때 의학을 대체하려 함이 아니다. 교회가 이 사람에게 오는 것은 그를 그리스도의 사랑, 빛, 생명 속으로 인도하기 위함이다. 교회는 단순히 고통 중에 있는 그를 "위로"하기 위해서, "돕기" 위해서가 아니라, 그의 고통을 순교자의 고통으로, 증인의 고통으로 만들기 위해서 오는 것이다. 순교자는 "하늘이 열리고 인자가 하나님 우편에 서신 것을" 보는 사람이다(행 7:56). 순교자에게 하나님은 끔찍한 고통을 멎게 해줄 수 있는 또 다른―최후의―기회가 아니다. 하나님은 그의 생명 자체이며, 따라서 그의 삶 속의 모든 것은 하나님에게로 와서, 사랑의 충만을 향해 하늘로 오른다.

이 세상에는 고난이 있기 마련이다. 설령 인간에 의해 최소한으로 축소된다 하더라도, "다른 세상"의 보상에 대한 종교적 약속에 의해 다소 경감된다 하더라도, 고통은 여전히 이 세상에 남아 있고, 그것도 지독히도 "정상적인" 것으로 남아 있다. 그러나 그리스도는 "담대하라. 내가 세상을 이기었노라"고 말씀하신다 (요 16:33). 그분의 고통을 통해 모든 고통이 의미를 얻게 되었을 뿐 아니라, 고통 자체가 그분의 승리의 표지, 성례, 선포, "도래"(coming)가 될 수 있는 권세를 부여받았다. 인간의 패배가, 그 죽어감 자체가 바로 생명의 길이 된 것이다.

부활에 대한 기대

이러한 승리의 시작은 그리스도의 죽음이다. 영원한 복음은 **이 세상**에게뿐 아니라 이 세상 종교로서의 **종교**에게도 항상 "미련한 것"이다(고전 1:23; "그리스도의 십자가가 헛되지 않게 하려 함이라"[고전 1:17]). 기독교의 죽음의 예전은, 어떤 사람이 마침내 죽고 우리가 최후의 의식을 위해 그의 시신 주위를 둘러설 때 시작되는 것이 아니다. 이 예전은 산 자들의 세상으로부터 어떤 사람을 기품 있게 제거하는 슬프고도 체념적인 행위가 아니다. 이 예전은 이미 매 주일 교회가 "모든 세상 염려를 버리고" 하늘로 승천할 때 시작된다. 이는 매 축일에 시작되며, 특히 부활절의 기쁨 속에서 시작된다. 어떤 면에서 교회의 삶 전체가 죽음의 성례이다. 왜냐하면 그 모두는 주님의 죽음의 선포이며, 그분의 부활의 고백이기 때문이다. 그러나 기독교는 죽음 중심적인 종교가 아니다. 기독교는 죽음으로부터의 구원에 관한 "객관적" 교리가 아름다운 예식들을 통해 나에게 제시되고, "혜택"을 얻으려면 그 교리를 믿어야 하는 "밀교"(mystery cult)가 아니다.

그리스도인이 된다는 것, 그리스도를 믿는다는 것은 신앙이라 불리는 초이성적이고도 절대적인 확신 가운데 그리스도가 모든 생명의 생명이시며, 그분이 생명 그 자체이시며, 따라서 **나의 생명이심**을 안다는 것이다. "그 안에 생명이 있었으니 이 생명은 사람들의 빛이라"(요 1:4). 기독교의 모든—성육신, 구속, 속죄 등에 관한—교리들은 이러한 신앙에 대한 설명이자 결과인 것이지, 신앙의 "원인"은 아니다. 그런 모든 언명들은 우리가 그리스도를 믿을 때 비로소 "타당성"과 "일관성"을 갖게 되는 것들로서, 신앙 자체는 그리스도에 관한 "명제"들을 받아들이는 것이 아니라, 그리스도 그분 자신을 참 생명으로, 생명의 빛으로 받아들이는 것이다. "이 생명이 나타내신 바 된지라. 이 영원한 생명을 우리가 보았고 증언하여 너희에게 전하노니 이는 아버지와 함께 계시다가 우리에게 나타내신 바 된 이시니라"(요일 1:2). 이런 의미에서 기독교 신앙은 "종교적 믿음"과 근본적으로 다르다. 기독교 신앙의 출발점은 "믿음"이 아니라 사랑이다. 무릇 믿음이란 그 자체로서는 부분적이며, 파편적이며, 깨어지기 쉬운 것에 불과하다. "우리는 부분적으로 알고 부분적으로 예언하니…… 예언도 폐하고 방언도 그치고 지식도 폐하리라." 그러나 오직 **사랑은 언제까지나 없어지지 아니한다**(고전 13장). 누군가를 사랑한다는 것이 그 사람 안에 내 생명이 있고, 그가 내 생명의 "내용"이라는 의미라면, 그리스도를 사랑한다는 것은 그분을 내 생명의 생명으로서 알고 소유한다는 의미다.

그리스도를 참 생명으로서 소유하는 것, 그분과 교통하는 "기쁨과 평강", 그분의 현존에 대한 확신, 이런 것들이 바로 그리스도의 죽음에 대한 선포와 부활에 대한 고백을 의미 있게 만들어 준다. **이 세상**에서는 그리스도의 부활은 결코 "객관적 사실"일 수 없다. 부활하신 주님은 마리아에게 나타나셨지만 그녀는 "뒤로 돌이켜 예수께서 서 계신 것을 보았으나 예수이신 줄은 알지 못하"였다(요 20:14). 그분은 디베랴 바닷가에 서 계셨지만, "제자들〔은〕 예수이신 줄 알지 못하"였다(요 21:4). 엠마오로 내려가던 제자들의 경우 그들은 "눈이 가리어져서 그인 줄 알아보지 못하"였다(눅 24:16). 부활에 대한 선포는 이 세상에게는 미련한 소리일 수밖에 없으며, 그리스도인들이 부활을 불멸성이니 사후생존이니 하는 전(前)기독교 교리들로 축소시킴으로써 부활을 어떻게든 "설명해 치우려" 하는 것도 놀라운 일이 아니다. 만일 부활 교리가 하나의 "교리"에 불과한 것이라면, 그래서 "미래"에 일어날 사건으로서 "다른 세상"에 속한 신비로서 믿어져야 하는 것이라면, 이는 "다른 세상"에 관한 여러 기타 교리들과 본질적으로 전혀 다르지 않으며, 얼마든지 쉽게 그것들과 혼동될 수 있다. 영혼 불멸이든 몸의 부활이든, 부활은 사실 우리가 전혀 알 수 없는 어떤 것이며, 이에 대한 모든 토의는 단순한 "사변"에 불과하다. 죽음 역시 동일하게 신비로운 미래로 들어가는 신비로운 통로다. 부활하신 주님을 보았을 때 제자들이 큰 기쁨을 느꼈던 것, 엠마오로 가던 제자들이 "마음이 뜨거워지는" 경험을 했던 것은, 그들에게 "다른 세상"에 대한 신비가 계시되었기 때문이 아니라, 그들이 주님을 보았기 때문이었다. 주님이 그들에게 전파하고 선포하라고 하신 것도, 죽은 이들의 부활—죽음에 관한 어떤 교리—이 아니라, 회개와 죄 용서와 새로운 삶과 하나님 나라였다. 그들은 그들이 알았던 것을 선언했다.

즉 그리스도 안에서 새로운 삶이 이미 시작되었다는 것, 그분이 영원한 생명이며 세상의 완성이며 부활이며 기쁨이라는 것을 선언했다.

교회는 그리스도의 부활하신 생명 안으로 들어가는 입구다. 이는 영원한 생명 안에서의 교통이며, "성령 안에 있는 평강과 희락"이다. 이는 하나님 나라의 "저물지 않는 날"에 대한 기대다. "다른 세상"에 대한 기대가 아닌, 그리스도 안에서 모든 것들과 모든 삶이 성취될 것에 대한 기대다. 그분 안에서는 죽음도 생명의 행위가 되었는데, 이는 그분이 죽음에도 그분 자신을, 그분의 사랑과 빛을 채워 넣었기 때문이다. 그분 안에서는 "만물이 다 너희 것임이라.……세계나 생명이나 사망이나 지금 것이나 장래 것이나 다 너희의 것이요 너희는 그리스도의 것이요 그리스도는 하나님의 것이니라"(고전 3:21-23). 만일 내가 이 새로운 삶을 내 것으로, 하나님 나라를 향한 갈망과 갈증을 내 것으로, 그리스도에 대한 기대를 내 것으로, 그리스도가 참 생명이라는 확신을 내 것으로 삼는다면, 그때는 나의 죽음도 참 생명과 교통하는 행위가 될 것이다. 왜냐하면 생명도 죽음도 결코 우리를 그리스도의 사랑으로부터 끊어 놓을 수 없기 때문이다. 나는 이런 성취가 언제 어떻게 이루어질지는 알지 못한다. 나는 모든 것들이 언제 그리스도 안에서 통일될 것인지는 알지 못한다. 난 "언제"나 "어떻게"에 대해서는 아무것도 알지 못한다. 그러나 나는 그리스도 안에서 이 거대한 유월절, 세상의 파스카가 시작되었다는 것, "장차 올 세상"의 빛이 성령의 기쁨과 평강 가운데 우리에게 온다는 것은 알고 있다. 왜냐하면 **그리스도가 부활하셨고 이제 생명이 왕 노릇하고 있기 때문이다**.

마지막으로, 어떤 형제가 그리스도 안에서 잠들어 "하늘나라로 옮겨갔을(passage)" 때, 우리가 경축하며 읽는 다음의 사도 바울의 말씀을 기쁨 충만한 의미로 채워 주고 있는 것이 바로 신앙이요 이러한 확신이라는 것을 나는 안다.

주께서 호령과 천사장의 소리와 하나님의 나팔 소리로 친히 하늘로부터 강림하시리니 그리스도 안에서 죽은 자들이 먼저 일어나고 그 후에 우리 살아남은 자들도 그들과 함께 구름 속으로 끌어 올려 공중에서 주를 영접하게 하시리니 그리하여 우리가 항상 주와 함께 있으리라. 그러므로 이러한 말로 서로 위로하라(살전 4:16-18).

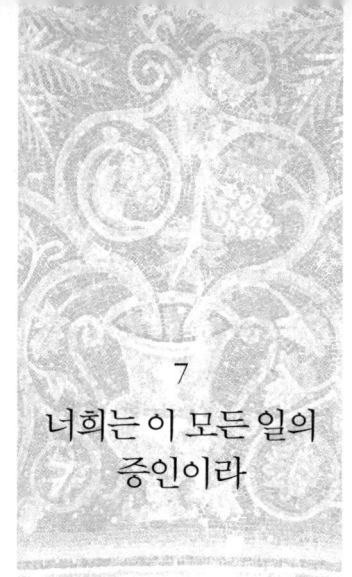

7
너희는 이 모든 일의 증인이라

이중의 실패

여기서, 최근 들어 수없이 강조되어 온 다음 사실을 굳이 또 강조할 필요는 없을 것이다. 즉, 교회는 선교이며, 선교는 교회의 본질이자 생명 자체라는 것 말이다. 그러나 교회가 자신을 세상 안에 있는 하나의 **제도**로서, 훌륭한 "세계 종교" 중 하나로서 받아들이면서 자주 망각해 온, 기독교 선교의 "차원들"이 있다. 이 장에서는 이에 대해 생각해 보고자 한다.

먼저 기독교 선교의 현 상황에 대해 몇 가지 이야기를 해보자. 기독교 선교가 과거 어떤 업적을 이루어 왔든, 현재 우리는, 정직하게 말해, 이중의 실패에 직면해 있다. 한 가지는, 세계의 다른 거대 종교들에 대해 전혀 실질적인 "승리"를 거두지 못하고 있는 것이며, 또 한 가지는,

우리 문화에 만연해 가는 세속주의를 극복하는 일에서도 고전을 면치 못하고 있다는 점이다. 다른 종교와의 관계에 있어서, 기독교는 그저 그들 중 하나로 여겨지고 있을 뿐이다. 그리스도인들이 다른 종교들을 "원시적"이라고, 따라서 기독교의 자명한 "우월성"에 노출되면 사라질 수밖에 없는 것들로 여길 수 있었던 시대는 분명히 지나갔다. 다른 종교들은 사라지지 않았을 뿐 아니라, 오히려 오늘날 놀랄 만한 활력을 보여주고 있으며, 심지어 우리 "기독교" 사회 내에서도 "개종자"들을 얻고 있다. 세속주의에 대해서도 우리 그리스도인들은 실로 무능하게 대처하고 있다. 이를 무엇보다 잘 보여주는 것은 세속주의 문제로 인해 그리스도인들 사이에 생겨난 혼란과 분열이다. 한편에선 다양한 종류의 기독교 "근본주의"들이 세속주의에 대해 격렬하고 전적인 거부를 보이고 있는 반면, 또 한편에선 "현대 세계"와 "현대인"을 연구한다는 많은 기독교 사상가들이 세속주의를 가히 열광적으로 받아들이고 있다. 이렇게 현재 그리스도인들은 선교의 과업과 방법에 대해, 세상 속에서의 그들의 위치와 역할에 대해 끊임없는 재평가를 시도하고 있는 중이다.

    여기에는 두 가지 주된 흐름 내지 경향이 있다. 첫째는 우리가 이미 첫 번째 장에서 말한 바 있는 **종교적** 접근법이다. 이는 선교의 목적이 인간의 본질적 필요의 하나인 **종교**를 전파하는 것이라고 보는 입장이다. 여기서 주목할 만한 점은, 가장 전통적이고 신앙고백을 중시하는 "배타적인" 교회들도 이런 입장에 입각해 다른 종교들과 공존협정(*modus vivendi*)을 맺고, 그들과 다양한 "대화"와 "친선관계"를 모색한다는 사실이다. 이러한 태도에 깔려 있는 가정은, 기본적 종교 또는 기본적인

"종교적·영적 가치들"이란 것이 존재하는데, 우리는 무신론이나 유물론 같은 온갖 반종교적 사상들의 도전에 맞서 이것들을 수호해야 한다는 것이다. "자유주의적"이고 "무교파적"인 그리스도인들뿐 아니라, 가장 보수적인 그리스도인들조차도 선교를 다른 모든 종교들과 대립되는, 유일하고 참되고 보편적인 종교를 전파하는 것으로 보았던 과거의 개념을 쉽사리 포기한다. 대신, 모든 종교들이 함께 힘을 합쳐 맞서 싸워야 할 공동의 적을 하나 설정하는데, 바로 세속주의가 그것이다. 세속주의의 승승장구에 지금 모든 종교들이 위협을 받고 있으며, 종교와 "영적 가치들"이 쇠퇴하고 있기에, 모든 종교인들은 그러한 가치들을 수호하는 일에 함께 하나가 되어 싸워야 한다는 것이다.

그러나 이들이 말하는 "기본적인 종교적 가치들"이란 대체 무엇인가? 정직하게 말해서 최선의 그 가치들은 세속주의가 인간에게 선포하고 제공해 주는 것들과 "근본적으로는" 전혀 다르지 않다. 윤리? 진리에 대한 관심? 인류의 형제애와 연대성? 정의? 자기절제? 솔직히 말해서, 이러한 "가치"들에 대한 열정적 관심은, 윤리적 최소주의(ethical minimalism), 지적 무관심, 미신, 죽은 전통주의 등에 쉽사리 순응해 버리고 마는 종교 조직 내에서보다 오히려 "세속주의자들" 중에서 더 많이 발견된다. 그렇다면, 요즘 많이 대두되는 "〔실존적〕불안"이나 무수한 종류의 "개인적인 문제들"에 있어서는 어떤가? 종교는 이런 분야에서만큼은 자신이 최고로 유능하다고 주장하기도 한다. 그러나 앞서도 이미 말했듯이, 이러한 "문제들"을 다룰 때 종교가 실은 다양한 세속적 "치료사들"의 무기와 기술을 빌려다 쓰고 있다는 사실은 시사하는 바가

크지 않은가? 가령, 행복한 가정생활 안내서의 경우, 종교적인 책이건 세속적인 책이건 강조되는 "가치들"은, 사용되는 언어나 이미지나 제시되는 기술과 마찬가지로, 사실상 서로 동일하지 않은가?

역설로 들리겠지만, 세속주의를 극복하는 유일한 수단으로 설교되고 받아들여지고 있는 기본적 종교는 사실상 세속주의에 항복한 것이나. 이런 항복은 서로 다른 교리를 고백하는 모든 유형의 신앙공동체 안에서 일어날 수 있으며, 또 실제로 일어나고 있다. 교외의 무교파적 "공동체 교회"냐, 아니면 전통적·위계적·교리적·예전적 교회냐 등에 따라 그 항복의 "색깔"은 서로 다르게 나타난다 할지라도 말이다. 왜냐하면 이 항복은 신조나 전통이나 상징이나 관습 등을 포기한다는 데 있는 것이 아니라(기능적 역할에 지친 세속적 인간은 때로 그런 것들에 탐닉하기도 한다), 종교의 기능이 인격형성, 마음의 평화, 영원한 구원의 확신 등의 도움을 주는 데 있다고 보는 세속적 가치관을 받아들였기 때문이다. 오늘날 수백만의 평균적 신자들에게 설교되고 받아들여지고 있는 종교는 바로 이러한 유형의 종교다. 교리적으로는 서로 철저히 대립하는 교회들이라도 구성원들의 종교적 자의식은 놀라우리만치 서로 거의 차이가 없다. 사람이 종교를 바꾸는 이유는 대개, 그 종교가 자신에게 "더 큰 도움"—더 많은 진리가 아니라—을 준다고 생각하기 때문이다. 최고 종교 지도자들이 에큐메니즘에 대해 토의하는 동안, 사실 신도들 사이에선 이미 이러한 "기본적 종교"에 입각한 에큐메니즘이 존재하고 있는 것이다. 현재 미국 등지에서 보이고 있는 종교의 외형적 성공의 원천이 바로 여기에 있다. 거기서의 종교적 "붐"은 실은 주로 종교의 세속화에 기인하는 것이다. 또한 기타 지역들에서 종교가 보이고 있는 쇠퇴의 원천 역시 여기에 있다. 그 지역들에서 인간은 아직 자신의 실존적 불안을 깊이 분석해 볼 여유를 갖지 못했거나, 아니면 아직 빵과 자유를 주겠다는 "세속주의"의 위대한 약속이 여전히 사람들에게 먹혀들고 있기 때문이다.

그러나 이런 종교라면 쇠퇴는 계속될 수밖에 없다. 종교가 노골적으로 폐기 처리되는 식으로든, 아니면 종교가 세상—자신과 자신의 모든 행위를 하나님과 관련짓기를 이미 오래 전에 그쳐 버린—의 부록 정도로 이해되는 식으로든 말이다. 그런데 이러한 종교의 일반적 쇠퇴 속에서 다른 "위대한 종교들"은 기독교보다 더 큰 생존 가능성을 가지고 있다. 오늘날 인간이 종교로부터 기대하는 바를 두고서 볼 때, 비기독교 "영적 전통들"이 실은 인간에게 "더 큰 도움"을 준다고 볼 수 있기 때문이다. 가령 이슬람교와 불교는 미개한 이들에게뿐 아니라 지극히 세련된 지식인들에게도 탁월한 종교적 "만족"과 "도움"을 제공해 준다. 예로부터, 동양의 **지혜**와 **신비주의**는 어느 곳에서든 종교적인 사람들에게 가히 불가항력적인 매력을 발산하지 않았던가? 요즘 정교회의 "신비적" 측면들이 서구에서 점점 인기를 얻어 가는 것도 동양의 신비주의와 쉽게—물론 오해에 의한 것이지만—동일시될 수 있기 때문은 아닌지 진지하게 따져볼 필요가 있다. 「필로칼리아」(*Philocalia*)에 수집된 수덕(修德) 문헌들은 예수 그리스도의 삶과 죽음과 부활에는 전혀 무관심한 비교(秘敎) 그룹들에게서도 엄청난 인기를 끌고 있다. 비교 그룹들의 영적 관심사와, 개인 구원과 "영생의 확신"을 강조하는 지극히 그리스도 중심적인 설교자들의 관심사는, 따지고 보면 결국 서로 크게 다르지 않다. 두 경우 모두 우리에게 삶의 "영적 차원"을 제공하는 것이기 때문이다. "물질적 차원"—즉, 세상 자체—은 아무 거리낌 없이 그대로 방치하고서 말이다. 현대의 기독교 선교의 형태는, 겉으로는 전통적인 모습을 하고 있지만, 실제로는 한때 세상을 이겼던 믿음과 거의 아무런 공통점도 찾아볼 수 없는 "세계 종교"의 도래를 위해 애쓰고 있는 것은 아닌지 우리는 심각하게 질문을 던져 볼 필요가 있다.

세속주의를 받아들인 기독교

두 번째 경향은 세속주의를 받아들이는 경향이다. "비종교적인" 기독교를 주창하는 이들에 따르면, 세속주의는 적이나 인간의 비극적 종교 상실의 결과나 죄나 비극이 아니라, 세상이 "다 큰 어른"이 된 것(coming of age)이며 기독교는 이를 지극히 정상적인 것으로 인정하고 받아들여야 한다. "정직성은 이제 우리가 마치 하나님이 없는 듯 이 세상에서 살아야 한다는 점을 인정할 것을 요구한다." 우리에게 중요한 것은, 선교가 주로 인간들 사이의 연대성의 관점에서 이해되고 있다는 점이다. 그리스도인이란 "타인을 위한 인간"이다. 그리스도인이란 나사렛 예수 이야기에 의해 그에게 전달되어 온 시각에 입각하여 인생에 전적으로, 또 무조건적으로 뛰어드는 사람이다. 기독교 선교란 그리스도를 전파하는 것이 아니라, 삶 속에서 그리스도인이 되는 것이다.

물론, 이러한 경향에도 우리에게 대단히 유익한 "강조점"들이 있는 것은 사실이다. 무엇보다, 세속주의는 "기독교적" 현상으로서, 기독교 혁명의 한 결과로서 인정되어야 한다. 세속주의는 아테네와 예루살렘의 만남에서 시작된 역사의 맥락 안에서 비로소 설명될 수 있다. 세속주의가 기독교 진리들이 "제정신을 잃음"으로 해서 나타난 것(*verites chretiennes devenues folles*)이라는 점을 보지 못하는 것은 종교적 반세속주의의 중대한 오류 중의 하나이다. 간단히 세속주의를 거부하고 마는 것은, 실은 근본적인 기독교적 열망과 희망도 함께 거부해 버리는 것이다. 또한 다른 "위대한 종교들"에 속한 사람들이 "세속화" 덕분에—기독교와의 직접적 종교적 만남을 통해서가 아니라—기독교 이해의 전제가 되는 사고와 경험들을 이해할 수 있게 되었던 것 역시 사실이다. 역사적 발전 과정에 있어서 기독교는 "성"과 "속", 영적인 것과 물질적인 것을 분리시키는, 전(前)기독교적이고 근본적으로 비기독교적인 이분법으로 되돌아갔으며, 이로 인해 자신의 메시지를 축소시켰고 손상시켰다는 것 또한 사실이다.

그러나 이 모든 것을 다 인정하더라도, 우리는 기독교 내의 세속주의 옹호자들이 깨닫지 못하고 있는 한 가지 궁극적인 진리를 언급하지 않을 수 없다. 바로, 세속주의는—바로 그 기독교적 "기원"으로 인해, 자신에게 찍혀 지워지지 않는 기독교적 "도장"으로 인해—**비극**이며 **죄**라는 사실 말이다. 세속주의가 비극인 것은, 인간이 좋은 포도주를 맛보았음에도 다시 맹물을 선호했고, 또 지금도 그렇게 하고 있기 때문이다. 참 빛을 보았음에도 인간은 여전히 자신의 논리의 빛을 따르기로 선택한 것이다. "세속화된 기독교"를 주창하는 예언자들이나 설교자들은 늘

"현대인"을 "전기를 사용하는" 존재나 "산업주의"와 "과학적 세계관"에 의해 형성된 존재로 묘사한다. 시나 예술, 음악이나 춤에 대해서는 언급하지 않고서 말이다. 실제로 "현대인"은 "다 큰 어른", 늘 죽도록 심각한 어른이 되었고, 그래서 자신의 고통과 소외는 의식하되 기쁨은 의식하지 못하고, 섹스는 의식하되 사랑은 의식하지 못하고, 과학은 의식하되 "신비"는 의식하지 못하는 존재가 되었다. 그는 "친구"가 없다고 생각하기에, 하늘에 계신 우리 아버지께 드리는 기도를, 하늘과 땅에 그분의 영광이 가득하다는 선언을 **이해**하지 못한다. 이런 비극은 또한 죄이기도 하다. 세속주의는 세상에 대한 **거짓말**이기 때문이다. "마치 하나님이 없는 듯 이 세상에서 살아라!" 그러나 복음 앞에서의 **정직**, 전체 기독교 전통과 모든 성도들의 경험과 기독교 예전의 모든 언어들에 대한 **정직**은 정확히 그 반대의 것을 우리에게 요구한다. 즉, 이 세상에서 우리는 이 세상의 **모든 것**을 하나님의 계시로, 그분의 현존의 표지로, 그분이 오시는 기쁨으로, 그분과의 교통으로의 부름으로, 그분 안에 있는 성취를 향한 희망으로 보며 살아야 한다. 오순절 이래, 이제 그리스도를 믿고 그분을 세상의 생명으로 아는 모든 이들은 모든 것에서 성령의 인을, 빛을, 표지를 본다. 그분 안에서 세상 전체가 다시금 **예전**이, **교통**이, **승천**이 된다. 그러므로 세속주의를 세상에 대한 **진리**라고 **받아들이는** 것은 본래적 기독교 신앙을 너무도 깊고 근본적으로 바꿔 놓는 것이어서, 우리는 다음과 같은 질문을 제기하지 않을 수 없다. 우리는 정말 동일한 그리스도를 말하고 있는 것일까?

교회의 참된 선교 사명

이 책의 목적은 하나였다. 기독교를 "종교" 아니면 "세속주의"로 환원시키는 것은 그릇된 양자택일이요 잘못된 딜레마임을 보이는 것, "가리켜" 주려는 것이었다. "그러나 너희는 이 모든 일의 증인이라"(눅 24:48). '이 모든 일'이란 무엇을 말하는가? 비록 어떠한 말도 충분히 형용될 수 없는 것이긴 하지만, 지금껏 우리는 그것에 대해 나름의 묘사를 시도해 왔다. 우리의 확신은, 모든 기독교 선교의 원천과 시작이 그리스도 안에서의 교회의 승천 안에, 장차 올 세상의 기쁨 안에, 하나님 나라의 성례―선물, 시작, 현존, 약속, 실재, 예기―로서의 교회 안에 있다는 것이다. 우리가 세상을 우리의 기독교적 행동의 의미 있는 장(場)으로 회복하고, 세상의 현실을 있는 그대로 보고, 우리가 해야 할 일을 발견할 수 있게 되는 때는, 오직 우리가 그리스도의 현존의 빛과 기쁨을 경험하고 돌아올 때다. 기독교 선교의 시작은 언제나 오늘이다. 바로 오늘 나는 "참 빛을 보았고", 성령에 참여했으며, 하나님의 사랑의 증인이 되었으며, 그래서 오늘 나는 **기쁨과 평강 가운데** 다시 세상 속으로 보냄 받는 것이다.

나는 무슨 일을 해야 하는가? 이 세상에서 교회와 각 그리스도인들이 해야 하는 일은 무엇인가? 우리의 **선교 사명**은 무엇인가?

이러한 질문들에 대해 이미 다 만들어져 있는 지침서 같은 대답은 존재하지 않는다. 이는 수천 가지 요소들에 "달려 있는" 문제이며, 우리는 마땅히 우리의 인간적 지성과 지혜, 조직과 계획 등 우리의 모든 기능들을 다 사용해서 그 답을 찾아가야 한다. 그러나 이는 무엇보다도—이것이 이 책이 말하고자 했던 "요지"로서—우리가 성령의 기쁨과 평강에 대해 증인이 되는 일, 우리가 교회 안에서 참여하고 있는 그 새로운 생명에 대해 참된 증인이 되는 일에 "달려 있는" 일이다. 교회는 하나님 나라의 성례다. "성례"라고 하는 신적 제정의 행위들을 소유하고 있어서가 아니라, 무엇보다 교회는 인간에게 주어진 가능성, 이 세상 안에서, 또 이 세상을 통해 "장차 올 세상"을 볼 수 있는 가능성, 그리스도 안에서 그 세상을 보고 "살아 낼" 수 있는 가능성이기 때문이다. 우리가 그리스도께서 **이미** "만물을 자신으로 충만케 하셨음"을, **모든** 일이 다 의미와 아름다움으로 충만한 것으로 우리에게 계시되고 주어졌음을 알아볼 수 있는 것은 오직 **이 세상**의 어둠 속에서다. 그리스도인은 어디서든 그리스도를 알아보고 그분 안에서 즐거워하는 사람이다. 이 기쁨은 그의 모든 인간적 계획과 프로그램들, 결정과 행위들을 **변모**시키며, 그의 모든 선교를, 세상의 생명이신 분께로 세상이 돌아옴을 경축하는 성례로 만들어 준다.

부록 1

세속시대의 예배[1]

"모두 다 다른 곳에 있다."_줄리언 그린

문제 제기

예배라는 말과 **세속시대**라는 말이 하나로 묶인 위 제목은 자칫, 지금 우리가 각 용어들과 그 실재들에 대해 분명한 이해와 지식을 갖고 있다는 인상을 줄 수도 있다. 즉, 그 각각에 대해 이미 충분히 탐구되고 잘 정리된 연구 성과가 있고, 그 기초 위에서 지금 우리는 그 둘의 관계를 논하려는 것이라는 인상 말이다. 그러나 과연 그럴까? 본 논문을 이런 질문과 더불어 시작하는 주된 이유는 지금은 "의미론"에 대한 관심이 보편화된 시대이지만, 우리가 토의하려는 이 용어들의 정확한 의미는 상당한 혼란 중에 있다고 확신하기 때문이다.

일반 그리스도인들뿐 아니라 정교회 신자들 사이에도, **예배**나 **세속**

주의에 대해서, 그 둘의 상관관계에 대해서는 더더욱 어떤 합의된 의견이나 공통된 준거 틀이 사실상 존재하지 않는다. 따라서 본 논문이 시도하는 바는 문제를 해결하려는 것이 아니라 먼저 문제를 명확히 하려는 것이며, 또 이를 가능한 한 일관된 정교회적 시각에서 하려는 것이다. 내가 보기에 정교회는 현 "상황들"로부터 생겨나는 문제들을 토의할 때, 너무나 쉽게 서구적 공식을 받아들이는 경향이 있다. 그들은 정교회 전통이 그러한 문제들 자체를 새롭게 공식화할 수 있는, 그것들을 새로운 맥락 안에 둘 수 있는 가능성과 필연성을 제공해 준다는 사실을 깨닫지 못하고 있는 듯하다. 현대의 많은 "난제"들의 뿌리는 다름 아니라 서구의 종교적 마인드 안에 그러한 맥락이 부재하거나 왜곡되어 있기 때문일 수도 있는데도 말이다. 내가 보는 바로는, **세속주의**와 관련된, 소위 **세속시대**에 속하는 문제들을 토론할 때만큼 이런 임무가 더 시급한 때는 없다.

세속주의의 정의

세속주의는 근래 실로 다양한 방식으로 분석되고 묘사되고 정의되어 왔지만, 내가 아는 한 그 어떤 것도 우리의 토의에 올바른 방향을 주는 핵심 요지인 세속주의의 진짜 본질을 강조해 주지 못했다.

나는 세속주의는 무엇보다도 **예배의 부정**(negation of worship)이라고 주장하는 바이다. 내가 강조하려는 바는, 세속주의의 진짜 본질은 하나님의 존재를 부정하는 것도, 모종의 초월성이나 모종의 종교를 부정하는 것도 아니라는 것이다. 신학적 의미에서 세속주의가 이단이라면, 이는 일차적으로 인간에 대한 이단적 가르침이다. 세속주의는 인간이 예배하는 존재라는 것, '호모 아도란스'(*homo adorans*)라는 것에 대한 부정이다. 인간에게 예배는 그의 인간성을 "단정"(posit)해 주며, 또한 완성시켜 주는 핵심적 행위다. 세속주의는 "어느 때 어느 곳 누구에게나" 하나님, 세상, 자신과의 관계의 참된 "에피파니"(epiphany)였던 그 말씀을 우리가 존재론적으로 또 인식론적으로 "결정적인" 것으로 받아들이기를 거절하는 것이다. "주를 찬양하고, 주를 송축하며, 주께 감사드리며, 주가 다스리시는 모든 곳에서 주를 예배함이……마땅하고 옳은 일입니다."

세속주의에 대한 이러한 정의에 설명이 필요함은 물론이다. 이는, 오늘날 기독교를 의식적으로 혹은 무의식적으로 지적인 범주("믿음의 미래")나 사회윤리학적 범주("세상에 대한 기독교적 봉사")로 축소시키는, 많은 사람들이 결코 받아들일 수 없는 정의이기 때문이다. 그들은 우리 "세속시대"와 예배 사이에는 모종의 조정(調停)이, 더 나아가 깊은 조화가 발견될 수 있어야 한다고 생각한다. 세속주의에 대한 기독교적 수용을 주창하는 이들의 생각이 옳은 것이라면, 그때 우리의 문제는 당연히 현대인의 세속적 세계관에 보다 수용 가능하고, 보다 "적합한" 예배를 찾거나 창안하는 것이 전부일 것이다. 실제로 오늘날 절대 다수의 예전 개혁가들이 취하고 있는 방향이 바로 이것이다. 그들은 그 형태와 내용이 세속인(世俗人), 더 나아가 세속주의 자체의 필요와 열망을 "반영"해

주는 예배를 추구한다. 다시 한번 말해, 세속주의는 결코 무신론과 동일한 것이 아니다. 역설적으로 들리겠지만, 세속주의는 늘 자신을 "예전적"으로 표현하려는 독특한 갈망을 가져왔다고도 볼 수 있기 때문이다. 그러나 만일 세속주의에 대한 나의 정의가 옳다면, 세속주의의 이러한 추구들은 전부, 전적인 난센스는 아니더라도, 아무 희망 없는 시도들에 불과하다. 나의 정의가 옳다면, 무엇보다도 우리 주세의 공식문 자체— "세속시대의 예배"—가 이미 모순을 내포한 용어라는 점이 명백해진다. 전체 문제와 그 철저한 재공식화에 대한 근본적 재검토를 필요로 하는 모순 말이다.

세속주의 정의에 대한 증명 1

세속주의에 대한 나의 정의("예배의 부정")가 옳다는 것을 증명하려면, 나는 다음 두 가지를 증명해야 한다. 첫째는 예배에 관한 것으로서, 예배의 개념에는 인간과 하나님의 관계에 대한, 그리고 인간과 세상의 관계에 대한 어떤 사상이 내포되어 있다는 사실이 증명되어야 한다. 둘째는 세속주의에 관한 것으로서, 세속주의란 바로 예배 개념에 내포된 이러한 사상을 노골적으로 혹은 은연중에 거부하는 것이라는 사실이 증명되어야 한다.

먼저 예배에 대해 생각해 보자. 내가 말하려는 주된 "증거"가 신학자들이 아니라, 종교의 역사와 현상을 연구하는 "종교학"(*Religions-*

wissenschaft)에 의해 제공된다는 사실은 아이러니하다. 그러나 이는 신학의 현 실상을 잘 보여준다. 그간 신학자들은 예배의 형식과 내용에 대한 종교학의 과학적 연구를 사실상 완전히 무시해 왔던 것을 생각해 볼 때 그렇다. 그러나 종교학은 반기독교적 편견이 심했던 초기 형성 단계에서도 이미 성례를 늘 "형식"이니 "내용"이니 혹은 "원인"이니 "효력"이니 하는 범주들로 축소시키며 자신들의 신학적 사변에서 예전 전통을 사실상 완전히 배제시켜 왔던 신학자들보다, 예배의 본질과 의미에 대해 더 많은 것을 알고 있었던 것으로 보인다.

그러나 의심할 여지없는 사실로서, 만일 우리가 방법론적으로 성숙해진 지금의 종교 현상학의 도움으로 예배 일반을, 특히 기독교의 '레이투르기아'를 살펴본다면, 우리는 그 예배들이 서 있는 그 원리, 예배의 발전을 결정지었고 형성했던 그 원리는 다름 아니라, 세상과, 세상 안에서의 인간의 위치가 갖는 **성례적** 성격이었다는 점을 인정하지 않을 수 없다.

여기서 "성례적"이란 다음을 의미한다. 예배를 통해 표현되는, 실은 예배 전체가 그 "현상"—결과이자 경험—이라고 할 수 있는 어떤 근본적이고 근원적인 통찰이 있는데, 세상은 우주로서의 전체성에 있어서나 시간과 역사로서의 생명과 생성에 있어서, 하나님의 '에피파니', 즉 그분의 계시와 현존과 능력의 수단이라는 것이다. 다시 말해, 세상은 단순히 자기 존재의 이성적 수용 가능한 한 원인으로서 하나님 개념을 "단정"해 줄 뿐 아니라, 세상은 정말로 하나님을 "말해 주며", 그 자체가 우리가 하나님을 알고 그분과 교통하기 위한 본질적 수단이며, 그런 수단이 되는 것이 그것의 참된 본질이며 궁극적 운명이라는 것이다. 이런 관점에서 예배는 참으로 본질적 행위이며, 인간은 본질적으로 예배하는 존재다. 왜냐하면 인간이 교통으로서의 지식의, 또한 참된 지식으로 완성되는 교통의 원천과 가능성을 갖게 되는—하나님을 알고, 그로써 세상을 알게 되며, 하나님과 교통하며, 그로써 존재하는 모든 것들과 교통히게 되는—곳은 **오직** 예배 안에서이기 때문이다. 이렇듯 예배라는 개념은, 세상은 하나님의 "에피파니"이며, 세상의 참된 본질과 소명은—예배를 통해—"성례"로서 드러난다는 직관과 경험에 기초하고 있다.

너무도 평범하고, 너무도 "당연"해서, 고도로 정교한 신학적 인식론에서는 거의 언급조차 되지 않으며, "해석학" 토의에서도 완전히 무시되고 있는, 그러나 교회로서의, **새 창조**로서의, 하나님의 백성과 성령의 전으로서의 우리의 실존 자체가 의존하고 있는 이러한 실재들을 내가 굳이 여기서 상기시켜 주어야 할까? 하나님과 교통하고 그분을 알기 위해서는 우리에게는 물과 기름, 떡과 잔이 **필요하다**. 그러나 또한 반대로—우리의 현대 신학 교재들은 아니더라도, 적어도 우리의 예전 자체는 이렇게 가르친다—"물질", 즉 세상 자체의 참된 의미를 계시해 주는 것은, 다름 아니라 "물질"을 매개로 한 하나님과의 교통이다. 우리는 다만 시간 안에서만 예배할 수 있을 뿐이다. 그러나 또한 시간의 궁극적인 의미를 계시해 주고, 뿐만 아니라 시간 자체를 "새롭게 만들어" 줄 수 있는 것은 다름 아닌 예배다. 몸의 참여 없이는, 말과 침묵, 빛과 어두움, 움직임과 정지 없이는 예배가 있을 수 없다. 그러나 또한, 세상과의 관계에서 인간의 모든 본질적 표현들이 궁극 "준거"를 부여받고, 그것들의 최고 깊은 의미가 계시되는 것은 다름 아닌 예배 안에서, 예배를 통해서다.

"성례적"이라는 용어는, 세상이 예배의 수단이 되고 은혜의 수단이 되는 것이 우연이 아니라 세상의 의미의 계시이며, 세상의 본질의 회복이며, 세상의 운명의 완성임을 말해 준다. 예배에서 표현되며, 예배를 인간의 본질적 '에르곤'(ἔργον, 일), 즉 인간의 삶과 활동들의 토대와 원천으로 만들어 주는 것은 다름 아닌 세상의 "자연적 성례성"(natural sacramentality)이다. 하나님의 에피파니로서 예배는 이렇게 세상의 에피파니다. 하나님과의 교통으로서 예배는 세상과의 유일한 참된 교통이다. 하나님을 아는 지식으로서 예배는 모든 인간 지식의 궁극적 완성이다.

기독교 예배의 특성

두 번째 요지―예배의 부정으로서의 세속주의―로 넘어가기 전에 먼저 우리가 주목해야 할 한 가지 사항이 있다. 앞서 나는 종교학을 언급했는데 이는 그 학문이 나름의 수준에서, 또 나름의 방법론에 입각해 기독교 예배뿐 아니라 예배 '일반'의 근원적이고 보편적인 현상으로서의 예배의 본질과 의미가 무엇인지를 입증해 주기 때문이다. 그러나 나는 기독교 신학자라면, 이 본질과 의미는 특히 기독교 '레이투르기아'의 경우에 있어 참이라는 점을 인정해야 한다고 생각한다. 기독교 예배의 독특성은 기독교 예배가 성육신에 대한 믿음으로부터, "육신이 된 말씀〔로고스〕"이라는 만유를 포괄하는 큰 신비로부터 나온다는 데에 있기 때문이다. 우리가 반드시 기억해야 할 중요한 사실이 있다. 기독교 예배의 독특성과 **새로움**은, 과거 종교학이 기독교와 그 예배를 이교의 밀교 제의로 축소시켰던 것에 맞서 당시 열성적인 변증론자들이 주장했던 것처럼, 예배 "일반"과 전혀 **연속성**을 갖고 있지 않다는 점에 있지 않다. 그리스도 안에서 바로 이러한 연속성이 마침내 완성되었고, 궁극적이고, 참으로 새로운 의미를 얻게 되었으며, 그래서 기독교 예배는 참으로 모든 "자연적" 예배의 마침이라는 사실에 있다. 그리스도는 찬미와 기도, 감사와 희생, 교통과 지식으로서의 예배의 완성이다. 왜냐하면 그분은 예배하는 존재로서의 인간의 궁극적 "에피파니"이시며, 세상을 매개로 한 하나님의 현현과 현존의 충만이시기 때문이다. 그리스도는 그분 자체가 참되고 충만한 성례이시다. 그분은 세상의 본질적 "성례성"의 완성이시기 때문이다.

    기독교 '레이투르기아'와 인간 예배 전체와의 "연속성"이 자체 안에 그 둘 사이의 **불연속성**을 마찬가지 본질적 원리로서 포함하고 있는 것, 기독교 예배가 모든 예배의 완성이자 마침이면서 또한 동시에 **시작**이며 근본적으로 **새로운** 예배인 것은, 세상이 그리스도의 성례가 되는 것이 존재론적으로 불가능하기 때문이어서가 아니다. 이는 세상이 그리스도를 죽임으로써 거부했고, 그렇게 함으로써 자신의 운명과 완성을 거부했기 때문이다. 따라서 모든 기독교 예배의 기초를 성육신이라고 한다면, 그 참된 내용은 언제나 십자가와 부활이다. 이 사건들을 통해 그리스도, 성육하신 주님 안에 있는 그 새로운 생명은 "하나님 안에서 그리스도와 함께 감추어"졌고, "이 세상에 속하지 않은" 생명이 되었다. 그리스도를 거부한 이 세상이 다시금 교통의 매개가 되려면, 즉 무덤에서 비춰 나오는 그 생명, "이 세상에 속하지" 않은 그 나라, 이 세상 견지에서는 장차 올 세상인 그 나라에 참여하게 해주는 매개가 되려면, 먼저 인간 안에서 죽어야 한다.

　이렇게 떡과 포도주―음식, 물질, 이 세상의 상징으로서 하나님께 드리는 우리의 '프로스포라'(prosphora)의 내용이며, 그리스도의 몸과 피로 바뀌어 그분의 나라로 들어가는 교통이 되는―는 '아나포라'(anaphora)를 통해 "위로 들려져야", 즉 "이 세상" 바깥으로 가져가져야 한다. 교회가 참으로 하늘과 땅이 그분의 영광으로 가득한 것, 하나님이 "만물을 자신으로 충만케 하신" 것을 목도하고 선포할 수 있는 것은 오직 이렇게 교회가 성만찬 안에서 이 세상을 떠나 그리스도의 나라를 향해, 그리스도의 식탁을 향해 승천할 때다. 그러나 이때도, 이러한 "불연속성", 모든 것을 새롭게 보는 이러한 비전이 가능한 이유는 오직 먼저 부정 연속성이 있기 때문이다. 성령은 "모든 것을 새롭게" 만드시는 것이지, "새로운 것들"을 만드시는 것이 아니기 때문이다. 모든 기독교 예배가 그리스도의 나라에 대한 기억, 즉 기대와 예기일 수 있는 것은 기독교 예배가 언제나 "육신을 입고 오신"(in the flesh) 그리스도에 대한 기억이기 때문이다. 교회의 '레이투르기아'가 종말론적, 즉 우리를 장차 올 나라의 참된 참여자들로 만들어 주는 것은 오직 그것이 언제나 우주적이기―즉, 모든 창조를 그리스도 안으로 취해 주기―때문이며,

또한 그것이 언제나 역사적이기—즉, 모든 시간을 그리스도 안으로 취해 주기—때문이다.

예배라는 개념에 내포되어 있는, 인간과 세상의 관계에 대한 사상은 이와 같다. 예배는 정의상 또한 실제상, 우주적·역사적·종말론적 차원을 가진 실재이며, 따라서 단순히 "경건"의 표현이 아닌 포괄적인 "세계관"의 표현이다. 예배 일반, 특히 기독교 예배에 대한 연구에 힘써 온 학자들이라면 분명, 적어도 역사와 현상의 수준에서 이러한 예배 개념을 객관적으로 입증할 수 있다는 데에 동의할 것이다. 이렇게 볼 때, 오늘날 사람들이 이러한 예배 개념과 하등 무관한 행위들, 프로젝트들, 사업들을 예배라고 부르고 있는 것은, 이 혼란스런 시대의 특징인 심각한 의미론적 혼란에 그 책임이 있다.

세속주의 정의에 대한 증명 2

이제 우리는 두 번째 요지를 다룰 준비가 되었다. 앞서 나는 세속주의는 무엇보다도 예배의 부정이라고 말했다. 만일 우리가 앞에서 예배에 대해 말한 것들이 사실이라면, 세속주의는 다름 아니라 예배가 인간과 세상에 대해 표현하고 전달하려고 하는 사상을 노골적으로 혹은 암시적으로 거부하는 사상이 아니고 무엇이겠는가?

이러한 거부가 세속주의의 토대를 이루고 내적 기준이 된다. 하지만 내가 이미 말했듯이, 세속주의는 결코 무신론과 동일한 것은 아니다.

현대의 세속주의자는 하나님 개념을 받아들일 때가 많다. 그러나 그가 단호히 부정하는 것이 있으니, 바로 인간과 세상의 성례성이다. 세속주의자는 세상을 그 자체로 의미있고 지식과 행동의 원리들을 가지고 있는 것으로 본다. 그는 의미를 하나님에게서 추론하거나, 세상이나 세상을 지배하는 법칙들의 기원을 하나님에게서 찾을 수도 있다. 그는 심지어 세상의 실존에 대한 하나님의 간섭 가능성도 그다지 어렵지 않게 인정할 수 있다. 그는 내세와 영혼불멸을 믿을 수도 있다. 그는 정의로운 사회나 인류의 자유와 평등 같은 자신의 궁극적 열망들을 하나님과 관련지을 수도 있다. 다시 말해서 그는 자신의 세속주의를 하나님과 "관련지을" 수 있고, 자신의 세속주의를 "종교적"인 것—교회 프로그램이나 에큐메니칼 프로젝트의 대상, 교회 회합의 주제, "신학"의 주제 등—으로 만들 수 있다. 그러나 이 모든 것에도 불구하고, 인간과 세상에 대한 비전의 근본적 "세속성"은 조금도 변함이 없으며, 그는 여전히 세상을 세상 자체의 내재적 용어로, 세상 자체의 내재적 목적에 입각해 이해하고 경험하고 행동한다. "에피파니"에 대한 근본적 거부는 변함이 없다. 이 세상 모든 것들, 또 이 세상 자체는 자기들의 실존의 원인과 원리를 **어떤 다른 곳**에 가지고 있으며, 뿐만 아니라 그것들 자체가 그 **어떤 다른 곳**의 현현이며 현존이라는 것, 또한 그것이 실로 그들의 생명의 생명이기에 그 "에피파니"와 분리될 경우 모든 것이 다만 어둠이요 부조리요 죽음일 뿐이라는 근원적인 직관을 거부하는 것이다.

　예배의 부정으로서의 세속주의의 본질은 세속주의자가 예배를 다루는 방식에서 가장 잘 드러난다. 역설로 들리겠지만, 세속주의자는 어떤 면에서 예배에 대한 강박감을 가진 자이기 때문이다. 서구의 종교적 세속주의의 "절정"인 프리메이슨(Masonry)은 거의 전체가 "상징성"이 흘러넘치는 고도의 정교한 의식들로 구성되어 있다. 최근에 등장한 "세속 도시"의 예언자 하비 콕스(Harvey Cox)도 그의 첫 번째 베스트셀러의 후속작품으로 "경축"(celebration)에 대한 책을 썼다. 오늘날은 경축이 대단히 유행이다. 이 특이해 보이는 현상 배후에 있는 이유들은 실은 단순하다. 그 이유들은 내 요지에 반(反)하기는커녕, 오히려 내 요지를 확증해 준다. 한편으로 이 현상을 인간이 제 아무리 철저한 세속주의자나 무신론자라 하더라도 본질적으로 "예배하는 존재"라는 사실을 증명해 주기 때문이다. 의식과 제의에 대한 영원한 노스탤지어를 지닌 인간은, 아무리 공허하고 인위적인 것이라도 늘 그 대용물을 찾는다. 또 다른 한편으로 이 현상은, 세속주의가 진정한 예배를 창조해 낼 수 없다는 사실을 보임으로써, 세속주의와 본질적인 기독교 세계관이 궁극적·비극적으로 양립 불가능한 것들이라는 사실을 드러내 준다.

 이러한 세속주의의 무능력은, 무엇보다도, 예배에 대한 세속주의자의 접근 방식에서 나타난다. 세상의 다른 것들처럼 예배도 이성적 구성물일 수 있으며, 계획과 "의견 교환"과 토론의 결과로서 생겨날 수 있다고 생각하는 그의 순진한 확신이 그렇다. 이를 잘 보여주는 실례로서, 현재 유행중인, 새로운 상징들에 대한 온갖 토의들을 들 수 있다. 그런 토의들은 상징들이 "만들어질" 수 있다거나, 위원회의 심의를 통해 생겨날 수 있다고 생각한다. 가장 중요한 점은, 세속주의자는 체질적으로 상징들을 관념(ideas)을 전해 주기 위한 "시청각 교재"로 볼 수 있을 뿐이라는 사실이다. 지난 여름, 한 유명한 신학교의 일단의 학생들과 교사들이 한 학기를 다음과 같은 "주제들"—즉, 해수면 온도, 생태학, 파키스탄의 홍수—을 가진 "예전"을 "만들어 내는" 일로 보냈다. 물론 그들은 "좋은 의도"를 가지고 그렇게 했다. 그러나 그들은 잘못된 전제를 갖고 있었다. 즉, 전통적 예배는 그런 주제들에 대해 전혀 "적합성"(relevance)을 갖고 있지 못하며, 아무런 계시 내용을 갖고 있지 못하다는 생각, 또한 예전 중에 어떤 "주제"가 명시적으로 표현되고 그 예전의 "포커스"가 되지 않는 한 그 주제는 그 예전 체험의 영적 범위를 벗어나 있는 것이라는 생각 말이다. 오늘날의 세속주의자는 "상징성"이니 "성례"니 "변모"니 "경축"이니 하는 제의적 용어들을 대단히 좋아한다. 그러나 그가 깨닫지 못하고 있는 바는 그런 용어들을 사용하는 방식 자체가 실은 상징들의 죽음과 성례의 해체를 드러내 준다는 사실이다. 그가 이를 깨닫지 못하는 것은, 세상과 인간의 성례성을 거부함으로 해서 그는 상징을 관념이나 개념의 예증으로밖에 볼 줄 모르게 되었기 때문이다. 그러나 상징은 결단코 그런 것이 아니다. 관념이나 개념을 경축한다는 것은 있을 수 없는 일이다. "평화"나 "정의", 심지어 "하나님"이라는 관념이나 개념도 마찬가지다. 성만찬은 우정이나 화합과 같은 어떤 바람직한 행위를 상징해 주는 것이 아니다. 철야예배나 금식은 분명 "상징적"이다. 즉, 그것들은 기대로서의 교회를 표현, 현시, 성취해 주는 것들이며, 또한 그 자체가 기대이며 준비다. 그것들을 정치적 항거나 이데올로기적 주장에 대한 "상징들"로 삼는 것, 본래의 "목적"이 아닌 다른 무엇을 위한 수단들로서 사용하는 것, 즉 예전적 상징들을 우리가 우리 임의로 사용할 수 있다고 생각하는 것은 곧 예배의 죽음을 말하는 것이다. 외견상으로는 아무리 온갖 "실험들"이 성공과 인기를 누리고 있더라도 그렇다.

다만 한번이라도 예배를 참으로 경험해 본 사람이면 누구나, 앞서 말한 모든 실험들이 대용물에 불과하다는 것을 안다. 그는 적합성을 예배하는 세속주의의 태도가 예배의 참된 적합성과 양립될 수 없다는 것을 안다. 세속주의의 궁극적·종교적 공허함과 그 전적인—단언컨대—반기독교적 본질이 드러나는 곳은, 다름 아니라 바로 여기, 이러한 비참한 예전적 실패에서다. 그 실패의 끔찍한 결과들을 이제 우리는 막 보기 시작하고 있다.

세속주의의 기원과 발전

그렇다면 이는 우리의 주제인 "세속시대의 예배"가 그저 폐기되어야 한다는 뜻일까? 세속시대에 우리 정교회 교인이 할 일은 그저, 일요일 날에는 "오래되고 화려한" 의식들을 거행하고, 월요일부터 토요일까지는 그러한 의식들과 아무런 관련 없는 세계관을 가지고서 완전히 "세속화된" 삶을 사는 것이 전부란 말인가?

나의 대답은 '단언코 그렇지 않다'이다. 나는, 오늘날 많은 선의의 그리스도인들에 의해 옹호되는 이러한 '공존'[2]을 받아들이는 것은 단순히 우리 자신의 믿음을 배반하는 일일 뿐 아니라, 이는 조만간 우리가 보존하고 영속시키고 싶어 하는 것의 붕괴를 가져오고 만다고 확신한다. 또한 나는 이러한 붕괴가 이미 시작되었으며, 이것이 보이지 않는 것은 다만 (고래의 권리와 특권과 수위권을 보호하는 일에 여념이 없으며, 서로를 "비정통적"[noncanonical]이라고 정죄하는) 우리 "기성" 교회의 제도들, 평화스러워 보이는 교회 건물들, 자기 의를 드러내는(self-righteous) 경건 같은 높은 은혜 차단벽들 때문이라고 확신한다. 이 후자의 문제에 대해서는 다시 다룰 것이다.

무엇보다 먼저 우리가 이해해야 하는 것은, 지금 다루는 이 문제가 선의의 "보수주의자들"—비록 그들은 세속주의를 완강히 거부하고 정죄하는 이들이지만—이 미처 깨닫지 못하고 있는 사실로 인해 복잡한 성격을 띠고 있다는 점이다. 그 사실이란 바로 세속주의가 그 기원과 발전에 있어서 기독교와 매우 깊은 관련이 있다는 사실이다. 세속주의는—우리는 이를 거듭거듭 강조해야 하는데—말하자면 기독교의 "의붓자식"이다. 지금 이 세상을 지배하는 모든 세속적 이데올로기들이 다 그렇듯이 말이다. 세속주의 수용을 주창하는 서구의 신학자들의 주장과는 달리, 세속주의는 기독교의 적자(嫡子)가 아니라 **이단**이다. 그러나 이단은 늘 무언가 참된 것의 왜곡이며, 과장이며, 따라서 불구화(不具化)이다. 이단이란 다른 모든 것들을 다 제쳐두고 한 가지 요소만을, 한 가지 "선택"(aizesis)만을 긍정하는 것으로서, 진리의 공변성(catholicity)을 깨뜨리는 것이다. 그러나 또한 이단은 늘 교회를 향해 제기되는 질문으로서, 이 질문에 답하는 일에는 기독교적 사고와 양심의 노력이 요구된다. 이단을 정죄하기란 상대적으로 쉬운 일이다. 훨씬 더 어려운 것은, 그 이단에 내포된 질문을 알아내고, 이 질문에 적절한 답을 주는 일이다. 교회는 늘 "이단들"을 이런 식으로 다뤄 왔다. 즉, 이단들은 교회 안에서 창조적인 노력을 일깨웠으며, 이단들에 대한 정죄는 궁극적으로 기독교 신앙 자체의 폭과 깊이를 더해 주는 것이 되었다. 아리우스주의(Arianism)와의 싸움에서 성 아타나시우스는 **동일본질**(consubstantial)이라는 용어를 옹호했는데, 이는 다른 신학적 맥락에서는 이단적인 것으로 정죄되었던 말이었다. 그래서 아타나시우스는, 아리우스주의자들에게서뿐 아니라 "보수주의자들"에게서도 심한 반대를 받았다. 그들은 그를 혁신적 사상가, "모더니스트"라고 여겼던 것이다. 그러나 결국 정통신앙을 구원한 이는 아타나시우스였으며, 맹목적인 "보수주의자들"은 (무)의식적으로 아리우스주의자들을 도와준 셈이 되었다. 이렇듯 나의 확신처럼 만일 세속주의가 우리 시대의 큰 이단이라면, 교회는 이에 대해 단순히 저주(anathemas)를 선언할 것이 아니라—물론 타협해서는 안되지만—무엇보다 이해하려는 노력을 기울여야만 한다. 그 이단이 마침내 진리에 의해 극복될 수 있도록 하기 위해서 말이다.

현대 세속주의의 독특성, 그것이 교부시대의 큰 이단들과 다른 점은, 후자는 기독교와 헬레니즘의 만남에서 생겨난 것인 반면, 전자는 기독교 내부에서 일어난 "붕괴"(breakdown), 기독교 자체의 심도 깊은 변형(metamorphosis)에서 생겨난 결과라는 점이다. 여기서 이 점에 대해 상세히 다룰 시간은 없다. 따라서 난 이 주제와 직접적으로 관련된 한 "상징적" 실례만을 짚고 넘어가고자 한다.[3] 12세기 말, 투르의 베렝가리우스(Berengarius of Tours)라는 한 라틴 신학자가 성만찬에 대한 가르침 문제로 정죄를 당한 바 있다. 그는 성만찬 성물에 임하시는 그리스도의 현존은 "신비적", "상징적"인 것이며, 따라서 실재하는 것이 아니라고 주장했던 것이다. 그런데 그를 정죄한 라테란 공의회의 공식문(公式文)은—내가 보기에, 바로 여기에 문제의 핵심이 있는 바—단순히 그의 말을 거꾸로 뒤집은 것이었다. 즉, 그 공의회는 성만찬 안의 그리스도의 현존은 실재적인 것이며, 따라서 "신비적"인 것이 아니라고 선포했던 것이다. 여기서 결정적으로 중요한 것은 바로 '실재적'(*verum*)이라는 말과 '신비적'(*mystice*)이라는 말이 서로 분리되고 대립되고 있다는 점이다. 양편 모두 그 두 말을 상호 배타적인 것으로 생각했다. 이렇게 서구신학은 "신비적", "상징적"인 것은 실재적이지 않으며, 또 반대로 "실재적"인 것은 상징적이지 않다고 선언한 것이다. 그러나 사실상 이는 기독교의 근본적인 '신비'(*mysterion*), 즉 상징의 실재성과 실재의 상징성이라는 이율배반적 "결합"이 붕괴된 것이다. 이는 창조를 존재론적 **성례성**(saramentality)의 견지에서 이해했던 기독교의 근본적 이해가 무너진 것이었다. 그때 이래로 기독교 사상은, 스콜라주의에서도 그렇고 그 후로도 계속, 이 두 용어를 서로 대립시켰으며, 암묵적으로 혹은 노골적으로 기독교적 세계관의 "상징적 실재성", "실재적 상징성"을 거부해 왔다. "하나님이 존재하지 않는 것처럼"이란 말은 본회퍼(Bonhoeffer)나, 현대의 "비종교적 기독교"(religionless Christianity) 주창자에게서 처음 나온 것이 아니었다. 이미 '제1원인'(*causa prima*)과 '제2원인'(*causae secundae*)이라는 인식론적 구별을 기본으로 하는 토마스주의(Thomism)에 내포되어 있었다. 여기에 세속주의의 진짜 원인이 있다. 세속주의란 궁극적으로 세상의 자율성을 긍정하는 것이며, 이

성, 지식, 행동의 견지에서 세상의 자기충족성을 긍정하는 것이다. 기독교적 상징성의 붕괴는 "자연적"인 것과 "초자연적"인 것을 나누는 이분법을 기독교적 사고와 경험의 유일한 틀이 되게끔 만들었다. 그런데 라틴 신학에서처럼 "자연적인" 것과 "초자연적인" 것이 '존재의 유비'(*analogia entis*)에 의해 서로 관련되든, 혹은 바르트주의(Barthianism)에서처럼 그 둘 사이의 유비가 완전히 거부되든, 이는 궁극적으로는 아무런 차이가 없다. 두 견해 모두에서 세상은 하나님의 "자연적" 성례이기를 그치며, 초자연적 성례는 세상과 어떠한 "연속성"도 갖지 못하기 때문이다.

우리가 오판해서는 안될 것이 있다. 동방 정교회 역시 이러한 서구 신학적 틀을 받아들였으며, 교부시대의 종결 이래로 정교회 신학은 "동방적"이기보다는 단연 "서구적"이었다. 우리는 세속주의를 서구적 이단, 즉 서구의 "일탈"의 열매라고 부르지만, 우리의 스콜라적 신학 역시 수세기에 걸쳐 거기에 깊숙이 물들어 왔다. 로마와 교황주의에 대한 격렬한 반대에도 불구하고 말이다. 심리적으로 볼 때 오늘날 정교회 내에서 가장 "서구적"인 이들은 다름 아닌 극보수주의적인 "초(超)정교회"(Super-Orthodox)주의자들이라는 것은 실로 아이러니한 일이지만, 전혀 우연은 아니다. 그들의 사고체계는 한편으로는 율법적이고 논리적이며, 또 다른 한편으로는 서구 신학의 "원죄"라고 할 수 있는 "이분법들"로 이루어져 있다. 일단 이러한 이분법을 우리가 받아들이고 나면, "세속적 기독교"를 열렬히 주창하는 서구 신학자들처럼 세상을 "받아들이"든지, 혹은 묵시적 파멸을 외치는 "초정교회적" 예언자처럼 세상을 "거부"하든지, 이는 신학적으로 하등 중요하지 않게 된다. 전자의 낙관적 실증주의와 후자의 비관적 부정주의는 사실 동일한 동전의 양면에 불과하기 때문이다. 둘 다 세상의 자연적 "성례성"을 부정하고, "자연적"인 것과 "초자연적"인 것을 극단적으로 서로 대립시킴으로써 세상을 **은혜가 차단된**(grace-proof) 곳으로 만들어 버리며, 이는 결국 **세속주의**를 가져온다. 바로 이러한 영적·심리적 맥락에서 현대 세속주의와 관련된 예배 문제가 실제적 중요성을 갖는다.

예전 신심의 변형

이렇게 깊이 "서구화된" 신학은 예배에, 또 내가 전에 다른 곳에서 예전 신심(liturgical piety)이라고 정의한 바 있는,[4] 예배에 대한 체험과 이해에 대단히 심각한 영향을 끼쳐 왔다. 그와 같은 영향을 끼칠 수 있었던 것은, 그런 신학이 "성스러운" 것—신적인 재가와 보증—과 "속된" 것, 즉 하나님의 지속적인 도전과 절대적 요구가 미치지 않는 곳으로서의 자연적이고 세속적인 삶, 양자 모두를 향한 인간의 필요를 충족시켜 줄 수 있는 율법적 종교를 갖고자 하는 인간의 깊은 갈망을 만족시켜 주었기 때문이다. 이는 "성스러운" 것과의 정연한 거래를 통해 "다른 세상"에 대한 온당한 권리와, 이 세상에서의 안전과 깨끗한 양심을 확보하는 종교로의 퇴보다. 그리스도께서 매 가르침마다 부인하셨고, 결국 그분을 십자가에 못 박히게 만든 종교로 말이다. 성과 속, 자연과 초자연, 정결과 부정(不淨)을 무 자르듯 나누는 구분 속에서 사는 것, 즉 종교를 성스러운 "터부들", 법적 규범들과 규정들, 제의적 정확성과 정통적 "타당성" 등의 견지에서 이해하는 일은 훨씬 쉬운 일이다. 그런 종교는 실은 "세속주의"에 전혀 위협이 되지 않으며, 뿐만 아니라 오히려 그 역설적 동맹자라는 사실을 깨닫는 일이 훨씬 어려운 일이다.

그러나 바로 이런 일이 우리의 "예전 신심"에 일어났다. 우리의 예배 그 자체―실질적으로 바꾸기에는 너무 전통적이고, 교회의 삶의 깊숙한 일부가 된 그 형태나 구조―가 아니라, 그 형태에 대한 우리의 "이해", 즉 **우리가** 예배에서 기대하고 얻는 것에 말이다. 예배 자체는 예전 전통, 즉 교회의 '예배(기도) 원칙'(*lex orandi*)에 의해 형성된 모습 그대로 유지되었다 하더라도, 예배에 대한 신자들의 "이해"는, 정교회 예전 전통이 분명한 말로 명시적으로 또 그 전체적 "에토스"를 통해 암묵적으로 거부하는 범주들에 의해 점점 더 크게 결정되기에 이르렀다. 참으로 비극적인 것은, 이러한 부과된 범주들이 오늘날 어찌나 잘 받아들여지고 있는지 그것들을 거부하고자 하는 모든 시도, 그것들이 '레이투르기아'의 참된 정신이나 의미와 양립될 수 없음을 보여주고자 하는 모든 시도가 **모더니즘**이니 하는 온갖 대죄(大罪) 취급을 당하고 있다는 사실이다. 그러나 이것은 그저 피상적인 말싸움이나, 교회에는 하등 영향을 끼치지 못하는 많은 학계의 소동들 중의 하나가 아니다. 이는 실로 삶과 죽음이 달린 문제이다. 왜냐하면 세속주의라는 무시무시한 이단이 적절한 기독교적 진단을 받을 수 있고, 또 극복될 수 있는 곳은 바로 여기, 오직 여기뿐이기 때문이다.

나는 앞서 언급한 예전 신심의 깊은 변형을 가져온 "이분법들"이 단순히 우리를 전혀 다른 하나님, 인간, 세상과 "연결시켜 주고" 관련시킬—그 모두를 하나의 일관된 세계관으로 묶어 주며—뿐 아니라, 실은 그 사이의 모든 "소통들"과 "상관관계들"을 허물어 버린다는 사실을 보여 주는 실례를 한 가지만 제시하고 넘어가고자 한다.

한 예로서, 물을 축복해서 "거룩한 물(성수)"로 만드는 것은 두 가지 완전히 상이한 의미들을 가질 수 있다. 첫 번째 의미는, **속된**, 즉 종교적으로 무의미한, 혹은 중성적인 무언가를 **성스러운** 무언가로 변모시킨다는 의미일 수 있다. 이 경우, "거룩한 물"의 주된 종교적 의미는 바로 그 물이 이제 더 이상 "단순한" 물이 아니며, 사실상 그것에 반(反)한다는—성이 속에 반(反)하듯이—것이 된다. 이렇게 볼 때, 축복 행위는 물에 대해—따라서 물질이나 세상에 대해—아무것도 계시해 주는 것이 없으며, 오히려 "거룩한 물"로서의 물의 새로운 기능을 전혀 무의미한 것으로 만들어 버린다. 이렇게 성은 속을 그저 속된 것으로, 즉 종교적으로 무의미한 것으로 규정할 뿐이다.

그러나 두 번째로, 그 축복 행위는 물과 세상의 참된 "본질"과 "운명"의 계시라는 의미를 가질 수도 있다. 즉, 그것은 물과, 세상의 "성례성"이 현현(epiphany)되고 성취되는 것일 수 있다. 축복을 통해 자신의 고유한 기능으로 회복됨으로써, 그 "거룩한 물"은 참되고 충만하고 적절한 물로서 계시되며, 물질은 다시금 하나님과 교통하는, 하나님을 아는 수단이 된다.

세례 때와 주현절 때 하는 물 축복 기도의 내용과 본문을 아는 사람이라면, 그것이 위에서 말한 두 번째의 의미에 속한다는 것을 분명히 알 것이다. 즉, 그 기도의 용어가 말하는 바는 성속 이분법이 아니라, 창조 세계 전체와 그 각 요소들의 "성례적" 잠재성이다. 그러나 우리의 예전 신심—즉, "거룩한 물"에 대한 신자들 절대 다수의 "이해"—을 아는 이들은, 여기서는 두 번째 의미를 사실상 완전히 배제시킬 정도로 첫 번째 의미가 압도적인 우세하다는 것을 또한 분명히 알 것이다. 동일한 분석이 예배의 모든 측면, 즉 성례, 시간 예전, 축일학(heortology) 등에 다 적용될 수 있고, 마찬가지 결과를 보여준다. 그 모두가 "성례성"이 아니라 "신성성"(sacrality)을, "현현"이 아니라 시간과 물질("자연") 속으로의 "초자연"의 마술적 침입에 대해 말한다.

참으로 곤혹스런 사실은, 이러한 예전 신심, 이러한 예배 이해와 경험이 세속주의에 하등 도전을 주지 못할 뿐 아니라 오히려 세속주의의 원천이 되고 있다는 사실이다. 왜냐하면 이는 세상을 속된 것으로, 즉 그야말로 **세속적인** 것으로 남겨 두기 때문이다. 세속적이란 말은, 다시 말해 신적인 것과 참된 소통을 전혀 가질 수 없고, 참된 변모나 변화를 전혀 할 수 없다는 의미다. 세상과 물질에 대해, 시간과 자연에 대해 아무것도 계시해 주는 바가 없으므로, 이러한 예배 사상과 경험은 아무것도 "반대하지" 못하고, 아무것도 의문시하지 못하며, 아무것도 도전하지 못하며, 실로 아무것에도 "적용할" 수 없다. 따라서 이는 모든 세속적 이데올로기, 모든 형태의 세속주의와 평화스럽게 "공존"할 수 있다. 이런 점에서, 예전적 "엄격주의자", 즉 긴 예배시간, 예배규정 준수, 규율(Typicon) 등을 강조하는 이들과, 예전적 "자유주의자들", 즉 그런 것들을 늘 간소화하고 개작하고 조정하려고 하는 이들 사이에 사실상 아무런 차이가 없다. 양편 모두 "종교"와 "삶" 사이의 **연속성**을, 변모와 심판과 변화의 힘으로서의 예배의 기능 자체를 거부하기 때문이다. 다시 말해, 역설적이고도 또한 비극적이게도, 예배에 대한 이런 식의 접근과 예전 경험이야말로 세속주의의 원천이자 버팀대다.

결론

더욱이 지금 세속주의는 내부로부터 "와해"되고 있는 중인데도 말이다! 나의 해석이 옳다면, 우리 시대가 겪고 있는 큰 혼란의 본질은, 무엇보다도, 세속주의 자체의 큰 혼란이다. 따라서 세속주의가 허술한 영적 입장이라는 사실이 여실히 드러나고 있는 이때, 너무도 많은 그리스도인들이 세속주의와 모종의 화해를 시도하고 있는 것은 참으로 아이러니한 일이다. 점점 더 많은 표지들이 심대한 중요성을 가진 다음과 같은 한 가지 사실을 가리켜 주고 있다. 즉 "현대인"은 이미 세속주의를 넘어서는 길을 찾고 있는 중이며, 다시금 "무언가 다른 것"을 목말라 하고 갈망하고 있다. 대다수 사람들이 이러한 갈증과 허기를 미심쩍은 품질의 음식들로, 또 온갖 종류의 피상적인 대체물들로 채우고 있다. 영적인 혼란이 절정에 도달했다. 그런데 사실 이는 교회가, 그리스도인들 자신이 영적 갈증과 허기를 가진 세상에 오직 그들만이 줄 수 있는 유일무이한 선물을 너무도 쉽게 포기해 버렸기 때문은 아닐까? 이는 오늘날 그리스도인들이 누구보다도 열심히 세속주의를 옹호하고 거기에 그들의 신앙마저 순응시키려 하고 있기 때문은 아닐까? 이는 우리가 그리스도의 참된 신비(*mysterion*)에 이르는 길을 가졌으면서도 세상에 그저 막연하고 이차적인 "사회적", "정치적" 충고 주기를 더 좋아하기 때문은 아닐까? 세상은 절실히 성례와 '에피파니'를 필요로 하고 있는데도, 그리스도인들은 공허하고 어리석은 세상적 유토피아를 주창하고 있는 것이다.

　나의 결론은 간단하다. 우리에게는 이 새로운 세속 세상에 보다 적합한 **새로운** 예배가 필요한 것이 아니라는 것이다. 우리에게 필요한 것은 예배의 참된 의미와 능력의 재발견이며, 이는 예배의 우주적·교회론적·종말론적 차원과 내용을 재발견한다는 의미다. 이는 분명 많은 일, 많은 "청소" 작업이 요구되는 일이다. 이는 연구와 교육과 노력이 요구되는 일이다. 이는 죽은 전통과 관습을 포기하되, 그 안에 있는 참된 본질을 시시때때로 바라보는 일이다. 그러나 우리가 참된 '예배(기도) 원칙'을, '레이투르기아'의 진정한 의미와 힘을 발견할 때, 그래서 그것이 다시금 우리의 포괄적 세계관의 원천이 되고, 또 그에 따른 삶을 위한 힘이 될 때, 비로소 우리는 "세속주의"에 대한 유일한 해독제를 발견하게 될 것이다. 오늘날 무엇보다 더 시급한 일은 바로 이러한 재발견이며, '레이투르기아'를 통해 참 교회가 된 교회에 의해 영원히 성취되는 빛과 생명, 진리와 은혜—과거가 아니라—로의 회귀다.

부록 2
성례와 상징[1]

문제 제기

성례에 대해 논할 때 정교회 신자가 가장 먼저 부딪히는 어려움은 자신의 신학 전통의 다양한 "층들" 중에서 하나를 선택해야 하는 필요성이다. 만약 그가 16세기 이래로 정교회 신학 학파들이 발전시켜 온 공적인 "교본 신학"(theology of manuals)을 가지고 말하기로 한다면, 그의 말은 분명 내용뿐 아니라 용어에 있어서도, 라틴 교회의 '성례론'(*De Sacramentis*)과 유사할 것이다. 그는 "보이지 않는 은혜의 보이는 수단"이라는, 성례에 대한 일반적인 정의로부터 출발해서 성례의 "형식"(form)과 "내용"(matter)의 구분, 그리스도에 의한 제정, 성례의 수와 분류, 그리고 성례의 효력과 유효성의 조건으로서의 적법한 거행 등에 대해 논할 것이다.² 그러나 오늘날 점점 많은 정교회 신학자들이, 성례에 대한 이런 식의 접근법은, 비록 수세기에 걸쳐 받아들여지고 가르쳐져 왔지만, 실은 진정한 정교회 전통과는 거의 무관하다는 사실에 주목하고 있다. 그들은 이런 접근법이 교부시대의 붕괴 이후 교회가 처한 비극적 조건들이 정교회 "지성인들"에게 강요한, 서구석 신학적 범주와 사고 형식에 대한 무비판적 채택이 낳은 정교회 신학의 "거짓 변형"(pseudomorphosis)의 가장 불운한 결과와 표현들 중의 하나로 여기고 있다. 이런 거짓 변형은 깊숙이 "서구화"된 정교회 신학을 낳았고, 이 전통은 다양한 신학 학파들에 의해 (얼마간은 지금까지도) 유지되어 왔다. 한 예로, 러시아에서는 1840년대까지만 해도 신학이 라틴어로 강의되었다! 이와 같은 정교회 신학의 "서구에 의한 유수"(Western captivity) 상태는 지난 몇 백 년간 우리의 최고 신학자들에 의해 완강히 거부되어 왔다. 그래서 오늘날은 정교회 신학을 우리 고유의 참된 관점과 방법으로 회복시키고자 하는 의미심장한 운동들이 존재하고 있다.³ 교부들에게로 되돌아가는 운동, 그간 "교본 신학"이 사실상 완전히 무시해 온 예전 전통과 영성 전통으로 되돌아가자는 운동이 이제 열매를 맺기 시작하고 있다. 그러나 이런 운동은 아직도 초기 단계이고, 성례 신학에 관해서는 거의 이루어진 바가 없다. 그래서 내가 여기서 시도하는 "회복"과 "재건"의 노력은 필연적으로 실험적이고 예비적인 것일 수밖에 없다. 우리에게 시급한 임무는 바로 우리 고유의 관점을 회복하는 것이며, "(신학)교본"의 낡은 틀에서는 대답은커녕 형성조차 될 수 없었던 질문들을 제기하는 것이다.

성례의 본질

"성례"란 무엇인가? 이 질문에 답할 때, 교부 이후 시대의 서구—"서구 화시키는"(westernizing)—신학은, 비록 근본적으로는 아니다 하더라도 초대교회와 크게 다른 정신적 정황 속에 스스로를 위치시킨다. 내가 지적(intellectual) 정황이라고 하지 않고 '정신적'(mental) 정황이라고 말한 것은, 지적인 전제나 신학적 용어보다 훨씬 깊은 차원의 것이기 때문이다. 물론 교부 신학은 스콜라주의보다 덜 '지적'이지 않았다. 용어에 관해서 말하자면, 많은 신학 역사가들이 그 두 종류의 성례 신학들 사이에 있는 불연속성을 보지 못한 것은 다름 아니라 그 둘 사이의 중단 없는 연속성, 즉 그 둘이 동일한 언어를—그 의미가 변했음에도—사용하고 있다는 사실 때문이다.

외적으로 혹은 형식적으로 이러한 변화는 무엇보다도 자신의 연구 대상에 대해 성례 신학이 취하기 시작한 새로운 접근법에서 찾을 수 있다. 초대교회와 교부들의 저술들에서 조직적인 해석이 가해질 때면, 성례는 언제나 그 실제 **예전적 경축**을 정황으로 해서 설명되었다. 즉, 그 설명은 실은 그 모든 제의적 복잡성과 구체성을 가진 예전 자체에 대한 주석이었다. 그러나 중세적 '성례론'은 시작부터 이미 '성례'를 예전 정황으로부터 분리시키는 경향을 가졌다. 성례의 본질(essence), 즉 성례를 "성례가 아닌 것"과 구별시켜 주는 것이 무엇인지를 찾고, 가능한 한 정확한 용어로 정의하기 위해서 말이다. 이런 식으로 하면 성례는 예전과 대립되는 것이 되기 시작한다. 물론 성례는 자신의 제의적 표현, 즉 "표지"(*signum*)를 가지고 있고, 이 표지는 성례의 본질에 속한다. 그러나 이 표지는 이제 교회의 모든 다른 표지들, 상징들, 의식들과 존재론적으로 다른 것으로 여겨진다. 이러한 차이로 인해, 그 엄밀한 성례적 표지만이 신학적 관심의 대상으로 여겨지고, 다른 모든 "예전"들은 배제된다. 가령, 토마스 아퀴나스의 「신학대전」(*Summa Theologia*)에 나오는 성례에 대한 모든 정교한 논의들을 아무리 읽어 봐도, 우리는 그 성례들의 예전적 경축에 대해서는 거의 아무것도 알 수 없다. 또 신품(Holy Orders)에 대한 가톨릭과 정교회 문헌들을 샅샅이 뒤져 봐도 우리는 서품(the ordination)과 성만찬 사이에 있었던 전통적이고 유기적인 연결이 언급된 것을 전혀 발견할 수 없다.[4] 신학 역사가들은 이러한 변화를 소위 "과학적 신학"의 진보, "보다 엄밀한" 신학적 방법론의 발전 때문이라고 간주한다.[5] 그러나 사실 이러한 변화는, 단순히 "외적인" 것이 아니라, 신학적 비전과 신학적 "세계관"의 깊은 변모에 뿌리를 두고 있다. 성례의 본래적 의미를 이해하고자 할 때 우리가 무엇보다도 이해해야만 하는 것은 바로 이러한 변모의 본질이다.

성례에 대한 논쟁

논의의 단순화를 위해 우리는 본 연구의 출발점으로서, 서구의 성례—특별히 성만찬—신학의 발전을 처음부터 끝까지 지배하고 있는 오랜 유명한 논쟁을 들 수 있다. 바로 '실재적 현존'에 대한 논쟁이 그것이다. 성례에 대한 두 접근법이 서로 구분되고, 한 쪽이 다른 쪽으로 변모되는 이유를 여기보다 더 잘 볼 수 있는 곳은 없다. 이 논쟁의 정황 내에서 볼 때, "실재적"이란 용어는 분명 실재적이지 <u>않은</u> 또 다른 종류의 현존의 가능성을 내포한 말이다. 서구의 지적·신학적 관용어에 있어서 그 다른 현존을 가리키는 용어는, "상징적"(symbolic)이다. 여기서 우리가, 서구 사상에 있어서 그 용어가 가진 대단히 복잡하고 혼란스런 역사를 일일이 파헤칠 필요는 없다.[6] 카롤링거 왕조(Carolingian) 시대 르네상스와 종교개혁 사이에서 형성된 일반적 신학 용어에 있어서, 또 상호 경쟁적인 여러 신학 학파들 사이에 벌어진 온갖 논쟁들에도 불구하고, "상징과 실재 사이의 양립불가성"이니 "형태와 진리"(*figura et veritas*)니 하는 말 등은 모두에게서 지속적인 긍정과 용인을 받아 왔다.[7] "'실재가 아닌 신비'(*mystice, non vere*)에는, 그에 못지않게 배타적으로 '신비가 아닌 실재'(*vere, non mystice*)가 상응한다."[8] 그러나 교부들과 전체 초기 전통은—바로 여기서 우리는 문제의 핵심에 도달하는데—이러한 구별과 대립을 알지 못할 뿐 아니라, 그들에게 상징성은 성례의 본질적 차원이며, 그 이해에 도달하게 하는 고유한 열쇠다. 교부 시대 최고의 성례 신학자라고 할 수 있는 고백자 성 막시무스(St. Maximus the Confessor)는 성만찬에서의 그리스도의 몸과 피를 상징(*symbola*), 이미지(*apeikonismata*), 신비(*mysteria*)라고 부른다.[9] 여기서 "상징적"이란 말은 "실재적"이란 말과 대립되는 것이 아닐 뿐 아니라, 전자는 후자의 표현이자 그 현현 양식으로서 후자의 구현이다. 신학의 역사가들은, 신학적 연속성과 정연한 "진화"라는 신화를 유지하려는 일념으로, 여기서도 그 설명을 교부들의 용어의 "부정확성"에서 찾는다. 그들은 교부들의 "상징"(symbolon) 용어(와 관련 용어들) 사용이 "모호"하거나 "부정확한" 것이 아니라, 단순히 후대 신학자들의 용어와 다른 것이며, 이러한 용어들의 후대의 변모가 실은 가장 큰 신학적 비극들 중의 하나의 원천이라는 사실을 깨닫지 못하는 것이다.

성례의 상징성

가장 중요한 차이는 실재에 대한 이해의 차이, 앞서 나온 표현대로 말하자면 "세계관"의 차이다. 교부들에게 상징이 성례를 이해하는 열쇠였던 이유는, 그들에게 성례가 세상의 상징적 구조와 연속성을 가진 것이기 때문이다. 세상에서는 "*omnes······creaturae sensibiles sunt signa rerum sacrum*"이다. 즉, 세상은 하나님에 의해 창조된 것이기에 상징적인 것— "*signum rei sacrae*"—이다. 여기서 "상징적"이라는 것은 세상의 존재론에 속하는 사실로서, 상징은 단순히 실재를 인식하고 이해하는 방법, 인지의 수단일 뿐 아니라, 또한 **참여**의 수단이기도 하다. 성례를 **가능**하게 만들어 주고, 그 이해에 이르는 열쇠가 되어 주는 것은 다름 아닌 세상의 "자연적" 상징성—가히, 세상의 "성례성"—이다. 우리가 기독교 성례의 유일무이성을 말하는 것은, 기독교 성례가 창조물의 자연적 질서에 대한 한 기적적인 예외라는 의미에서가 아니다. 하나님에 의해 창조된 모든 것들은 다 "그분의 영광을 선포"하기 때문이다.

기독교 성례의 절대적 새로움은 성례로서의 존재론에 있는 것이 아니라, 그것이 "상징하는"—즉, 계시하고, 현현하고, 전달해 주는—특정한 "실체"(res)에 있는 것이다. 그러나 이러한 절대적 새로움조차도 전적인 불연속성이 아니라 완성(fulfillment)이라는 견지에서 이해되어야 한다. 즉, 그리스도의 "신비"(mysterion)는 세상 자체의 궁극적 의미와 운명을 계시하고 완성시킨다. 따라서 그리스도에 의한 성례의 제정(후대 신학이 골몰했던 주제)은 "성례성" 자체에서 무(無)로부터(ex nihilo) 시작된 창조물이 아니라 인식과 참여의 수단이다. "나를 기억하여 이 일을 행하라"는 그리스도의 말씀에서, **이 일**(식사, 감사, 떡을 뗌)은 이미 "성례적"인 것이었다.[10] 그 제정의 의미는, 그리스도와 관련지어질 때, 그리스도로 "채워질"(filled) 때 그 상징이 비로소 완성되고 성례가 된다는 것이다.

상징의 붕괴

교부 이후 시대 신학은 성례와 상징 사이의 연속성을, 처음에는 경시하기 시작하다가 나중에는 거부하기에 이르렀다. 이는 상징의 점진적인 "붕괴"(dissolution) 때문인데, 이 붕괴는 신앙과의 관계에 있어서 신학에 대한 새로운 개념이 등장했기 때문이었다. 모든 신학의 근본적인 문제는 **지식**에 대한 것보다 정확히 말하자면, 하나님을 아는 지식의 가능성과 본질에 대한 것이다. 교부들은 한편으로는 하나님의 절대적 "타자성", 그분의 본질에 대한 창조물의 인식 불가능성을, 또 한편으로는 인간과 하나님과의 교통, 하나님을 아는 지식, "신화"(theosis)의 실재를, 살아 있고 참으로 "실존적인" 통합 가운데 동시에 견지했다. 이러한 종합은 주로 상징의 "신비"에 대한, 그 현존과 작용 양식에 대한 그들의 지식, 직관에 뿌리를 둔 것이었다. 왜냐하면 상징의 본질 자체가 "타자"를 "타자"로서 계시해 주고 전달해 주는 것, 볼 수 없는 것을 볼 수 없는 것으로 보게 해주는 것, 알 수 없는 것을 알 수 없는 것으로 알게 해주는 것, 미래를 미래로서 현존시켜 주는 것이기 때문이다. 상징은 다른 방식으로는 알려질 수 없는 것을 알게 해주는 수단이다. 이러한 지식은 참여—실재의 "에피파니"(즉, 상징)와의 살아 있는 만남이자 에피파니 속으로의 입장—에 달린 것이기 때문이다. 그러나 신학은 "신비"와 관계 있는 것일 뿐 아니라, "신비"를 자신의 가능성의 원천이자 조건으로 갖는다. 하나님에 대한 바른 말과 지식(knowledge about)으로서의 신학은 실은 하나님을 아는—그리고 그분 안에서 모든 실재를 아는—지식(knowledge of)의 결과이기 때문이다. 교부 이후 시대 신학의 "원죄"는 지식의 개념을 이성적이고 추론적인 지식으로 축소시킨 데에, 다시 말해 지식을 "신비"와 분리시킨 데에 있다. 이런 신학은 앞선 전통의 "상징적 세계관"을 거부하지는 않는다. 위에서 언급되었던 문장, "*omnes······creaturae sensibiles sunt signa rerum sacrum*"도 실은 성 토마스의 말이다.[11] 그러나 이런 신학에서는 "표지"(signum)에 대한 이해가 근본적으로 다르다. 원래 전통에서는—이것이 가장 중요한데—상징에서 그 표지(A)와 그것이 "표해 주는"(signifies) 것(B) 사이의 관계는, 단순히 의미론적인 것('A는 B를 의미한다')도 아니고, 원인론적인 것('A는 B의 원인이다')도 아니며, 표현적인 것('A는 B를 나타낸다')도 아니다. 그 관계는 앞서 언급한 바 있는 '에피파니'(epiphany)다. 즉, "A는 B다"는 말은 A의 전체가 B의 "실재"(물론 꼭 그 전체는 아닐 수 있지만)를 표현해 주고, 전달해 주며, 계시해 주고, 나타내 준다는 말이다. 그렇다고 A가 자신의 존재론적인 실재를 잃어버리거나, 자기 아닌 다른 "실재"(res)로 와해되어 버리는 일 없이 말이다.[12] 그러나 달라진 것은 A와 B사이의 바로 이러한 관계, 표지(the sign)와 표해지는 것(the signified) 사이의 이러한 관계다. 지식이 이성적·추론적 지식으로 축소됨으로 인해, 이제 A와 B사이에 틈(hiatus)이 생겨났다. 상징은 여전히 지식의 수단이기는 하나, 모든 지식처럼 어떤 것에 **대한** 지식(knowledge about)이지, 그것을 **아는** 지식(knowledge of)이 아니다. 상징은 "실재"에 대한 계시일 수는 있으나, "실재" 그 자체의 에피파니는 아니다. A는 B를 의미할 수 있고, B를 나타낼 수 있고, 심지어 경우에 따라서는 B의 현존의 "원인"일 수도 있으나, 이제 A는 더 이상 B에 "참여하는" 수단으로 여겨지지 않는다. 지식과 참여는 이제 두개의 서로 다른 실재, 두 개의 서로 다른 질서가 된 것이다.

상징 붕괴의 결과

성례 신학에 있어서 상징의 "붕괴"는 참으로 파괴적인 결과를 낳았다. 성례의 개념 자체를 바꾸어 놓음으로써 신학의 개념도 근본적으로 바꾸어 놓았다. 오늘에서야 우리는 이것이 가져온 위기의 범위와 깊이를 깨닫기 시작하고 있다. 앞서 언급된, 교부 이후 시대의 성례 신학을 시작시켰다고 할 수 있는 "실재적 현존"이라는 주제는 상징의 "실재"에 대한, 즉 상징이 실재를 담고 전달할 수 있는 능력에 대한 신학적 의심으로부터 태어난 것이었다. 이 의심의 이유들에 대해 우리는 앞서 잠깐 설명한 바 있다. 상징을 지식의 수단으로 규정한 것이 그 하나요, 또 지식을 실재를 아는 지식이 아니라 실재에 대한 이성적이고 추론적인 지식으로 축소시킨 것이 또 다른 하나다. 그런데 전통은 하나같이 성례를 'verum', 즉 실재로서 긍정하는 데 있어 의견일치를 보이고 있기에, 이런 질문이 생겨날 수밖에 없다. 어떻게 상징이 성례의 수단 내지 양식이 될 수 있는가? 성례에 관해 언급할 때 교부들은 상징적 용어를 사용했다는 사실 또한 전통의 명백한 "자료"(datum)이기에, 이런 의심은 처음에는 한 용어("상징적")를 다른 용어("실재적")로써 강화시키는 방식을 통해 해소되었다. 성례는 "형태와 실체, 진리와 형태"(figura et res, veritas et figura)이며, "신비일 뿐 아니라 진리"(non solum mystice sed etiam vere)라는 것이었다. 그러나 상징의 붕괴가 필연적으로 가져온 상징의 점진적 평가절하로 인해, 곧 그 두 용어는 서로 다른 것으로 여겨지게 되었을 뿐 아니라, 서로 반대되는 것으로 여겨지기에 이르렀다.[13] 투르의 베렝가리우스의 유명한 경우에서처럼, 주목할 만한 사실은 베렝가리우스 자신과 그를 정죄했던 이들은 상징에 대한 이해에 있어서 완벽한 일치를 보이고 있다는 점이다. 베렝가리우스가 성만찬에서 그리스도의 몸과 피는 상징적인 것이기에 곧 실재가 아니라고 생각했다면, 1059년 라테란 공의회의 입장은 그것들이 상징적인 것이 아니기에 곧 실재라는 것이었다. 이 구별은 필연적으로 대조가 되어 버렸고, 이는 이후 모든 신학 발전의 근본적인 틀이 되기에 이르렀다.[14]

성례의 표지

그러나 성례의 "실체"(res)와의 관계가 새롭게 정의되어야만 하는 표지(signum)의 문제가 남는다. 상징이 아니라면 그것은 무엇인가? 교부 이후 시대 신학은 표지를 원인(cause)으로 정의함으로써 이 질문에 답했는데,[15] 성례의 개념과 경험이 가장 깊은 변모를 겪은 곳은 바로 여기다. 초기 전통에서는 성례에 내재되어 있는 원인성과 성례가 참여자들에게 마련해 주는 성화는 상징성과 분리될 수 없었는데, 원인성과 성화가 상징성에 뿌리를 둔 것이기 때문이다. 이는 모든 성례의 유일무이한 원인—즉, 그리스도에 의한 **제정**—을 제한하거나 반박하는 것이 결코 아니다. 우리가 이미 말했듯이, 그 제정은 바로 그리스도께서 한 상징을 완성시키신 것이고, 그를 통해 그것이 성례로 변모된 것이기 때문이다. 따라서 이는 불연속성의 행위가 아니라 완성과 실현의 행위다. 이는 "새 창조"의—그리스도 안에서, 그리스도를 통한—에피파니이지, 어떤 전혀 "새로운" 것의 창조가 아니다. 이것이 이렇게 창조와 그리스도 사이의 "연속성"을 계시해 줄 수 있는 이유는 그리스도와 창조 사이에 처음부터 어떤 연속성이 존재하기 때문이다. 그리스도는 바로 창조의 '로고스'(logos), 생명, 그리고 빛이기 때문이다. 교부 이후 시대 신학에서 사실상 완전히 사라져 버린 것은, 제정이나 성례가 가진 바로 이러한 측면이다. 그 신학에서는 성례의 제정을 "표지"나 "실체"와 연결시켜 주는 원인성은 외적이고 형식적인 것에 불과하다. 내적이고 계시적인 것이 아니다. 그것은 완성시켜 줌으로써 계시해 주는 것이 아니라, 성례의 **효력**의 실재를 보증해 주는 것에 불과하다. 성만찬의 경우에서처럼, 심지어 표지가 실재와 완전히 동일시되는 경우에도, 그것은 그 표지의 완성이라는 견지에서가 아니라 멸절이라는 견지에서 체험될 뿐이다. 이런 의미에서 볼 때, 화체론(transubstantiation)은, 적어도 트리엔트 공의회에서 천명된 형태에서는, 실로 성례 신학의 와해 내지 자살이라고 할 수 있다. 원인성에 대한 이러한—단순한 외적·형식적 보증으로서—새로운 이해가 표지나 "실체" 사이의 존재론적 연속성을 깨뜨린다면, 이는 또한 그 "제정"과 사물의 정상적 질서 사이의 모든 연속성도 사실상 거부한다. 이제 강조되고 긍정되는 것은 다만 **불연속성**이다. 제정은 이제 "제2원인"(*causa secunda*)로서의 "표지"의 "제1원인"(*causa principalis*)으로 여겨지고, 전적으로 독자적인(*sui generis*) 어떤 새로운 성례 제도의 절대적 출발점이 된다. 최근 어떤 신학자들은 "표지"의 개념에 "전통적 상징성의 풍부함"을 다시 가져오고자 노력하지만, 이는 성례 교리와 이해에 있어 "본질적인 것"이 아닌 "부수적인 것"과 관계된 것일 뿐이다.

왜냐하면 성례에 대한 교리와 이해가 지금은 초대교회 때와 매우 달라졌기 때문이다. 초대교회에서는, 성례는 실재에 대한 기독교적 비전의 세 차원(혹은 수준), 즉 교회, 세상, 하나님 나라에 단순히 "열려" 있었을 뿐 아니라, 실로 그것들을 "하나로 결합시켜" 주었다. 그리고 그것들을 "하나로 결합시켜" 줌으로써 성례는 그것들이 이해와 참여로서 **알려지게**—교부들이 사용한, 지식이라는 말의 가장 깊은 의미에서—만들었다. 이는 지식—세상과 교회와 하나님 나라와 관계하시는 하나님**에 대한** 지식—의 원천이었는데, 왜냐하면 이는 하나님을, 또 그분 안에서 모든 실재를 아는 지식이었기 때문이다. 그리스도를 자신의 시작과 내용과 목적으로 하는 것이었기에, 이는 또한 그리스도를 존재하는 모든 것의 시작과 내용과 목적으로, 창조자와 구속자와 완성으로서 계시했다. 따라서 교부 이후 시대 신학에서의 성례의 변모는 그것이 독자적이고 자족적인 성례적 "유기체" 내에서 따로 격리된 것에 있었다. 앞서 언급된 바 있는, 예전으로부터의 성례의 외적 격리는 실은 훨씬 더 깊은 변화를 "상징하는" 것이었다. 어떤 현대 신학자는 이렇게 힘주어 말한다. "성례 개념은 완전히 독자적인(*sui generis*) 무엇이며, 따라서 거기에 신인동형론(anthropomorphism)이나 심지어 '천사성'(angelism)을 도입하지 않으면 않을수록, 신학을 위해 더 낫다.······하늘에서나 땅에서나 성례에 비할 수 있는 것은 아무것도 없기 때문이다."[16] 성례로부터 신학, 교회론, 종말론의 점진적 격리가 시작되는 것은 성례가 이렇게 최상의 **실재**로서 높임 받고 영화롭게 여겨질 때다. 이러한 격리가 실은—이렇게 이해되든 그렇지 않든—오늘날의 위기의 기원이며, "세속주의"의 원천이자 독이다. 개인적 신심과 성화의 수단으로서의 성례는 그 "가치"가 고스란히 보존되었다. 그러나 교회됨을 완성하는 교회의 공교회적(catholic) 행위로서의 성례, "이 세상"에 있는 "장차 올 세상"의 상징,

하나님 안에서의 만유의 완성(consummation)의 상징으로서의 성례는 그저 망각되었을 따름이다.

상징의 의미

이제 우리는 정교회적 "관점" 이야기로 돌아갈 수 있다. 지금까지의 분석은 다음 한 가지를 증명하기 위한 것이었다. 즉, 정교회적 관점이 회복될 수 있는 길은 오직, 정교회 신학이 그간 서구, 특히 라틴적 체계와 사고 형태에 오랫동안 의존해 왔던 기간 동안 가려져 왔거나 망각되어 왔던 성례의 차원들을 회복시키는 데에 있다는 것이다. 그렇다면 이러한 회복은 어떻게 이루어질 수 있는가? 분명 이는 단순히 "지적인" 것일 수 없다. 단순히 교부들의 글을 읽는다고 해서—물론, 유용하고 필수불가결한 일이긴 하지만—충분하지는 않다. 왜냐하면 심지어 교부들의 글도 교부들의 진짜 "정신"과는 전혀 맞지 않은 신학 체계를 뒷받침하는 "증거"로서 이용될 수 있고, 또 실제 그렇게 되어 왔기 때문이다. 우리 시대의 "교부학 부흥"은, 만일 어떤 엄격한 "교부적 체계"를 낳는 것으로 귀결된다면, 그 본연의 목적을 완전히 상실한 것이 되고 말 것이다. 왜냐하면 그런 체계는 본래 존재하지 않았기 때문이다. 사실 교부들의 영원한 장점은, 기독교 신학의 정적이지 않은, 역동적인 본질을 보여주었다는 데에 있었다. 그 역동적 힘은 늘 "현시대적"이었으면서도 "동시대성" (contemporaneousness)으로 축소되지 않으며, 인간의 모든 열망들에

열려 있었으면서 그것들에 의해서 결정되지는 않았다. 만일 교부들로의 회귀가 단순히 그들이 사용한 용어와 표현을 형식적으로 반복하자는 의미라면, 이는 소위 "낡은" 세계관을 가졌다고 해서 교부들을 내팽개쳤던 "현대" 신학과 하등 다를 바 없이 잘못되고 무용한 것이 될 것이다.

이 모두는 무엇보다도 우리의 "상징" 용어 사용에 적용된다. 여기서 "상징"이 성례 신학의 중심으로, 또 성례 신학의 "재건"을 위한 열쇠로서 긍정되는 것은, 단순히 그 용어가 교부들의 글(text)에서 발견된다는 이유 때문만은 아니다. 교부들의 글에서 우리는, 그들의 성례 이해에 있어 동일한 중요성을 가진 다른 용어들도 많이 발견하기 때문이다. 그리고 순전히 용어 사용만을 두고서 볼 때 상징이라는 용어가 그 글에서 가장 빈번하게, 또 가장 중요하게 사용되는 용어임을 증명하기도 어렵다. 또 어떠한 용어도 그 자체가 "절대적"이지는 않으며, 각 용어는 보다 넓은 신학적·영적 정황 내에서 비로소 자신의 의미, 신학적 "어의"(semantics)를 얻는다. 그렇다면 많은 용어들 중에서 우리가 유독 이 용어를 선택한 것이 옳고, 그 용어에 대한 우리의 이해가 올바르다는 것을 어떻게 증명할 수 있는가? 이 용어는 이미 스콜라 신학에 의해 잘못 해석되어 오지 않았던가?

이 모든 질문들에 대한 답으로서 우리는, 만약 교부들이 이 단어를 전혀 사용하지 않았다고 하더라도 이 단어는 여전히 오늘 우리에게 그들의 저술에 증언되어 있는, 그들 모두가—명시적으로든 함축적으로든—언급하고 있는, 또 우리가 그들에게 관심을 갖는 유일한 궁극적 이유가 되는 그 근본적 경험의 의미를 재발견하는 일에 가장 적합한 수단일 것이라는 점을 들 수 있다. 왜냐하면 교부들의 경험, 세계관과, 우리 시대의 가장 깊은 열망들, 의심들, 혼란들—"현대적" 혹은 "세속적" 혹은 "기술적"—사이를 이어 주는 분명 최고의 다리—유일무이한 다리는 아니더라도—라고 할 수 있는 것이 바로 이 단어, 보다 정확히 말해 시간이 갈수록 이 단어에 점차 더 얹어지고 있는 의미이기 때문이다. 오늘날 종교 사상과 세속 사상 모두에 있어 "초점"으로, 중심 관심사로, 다른 모든 질문들이 의존하는 예비적 질문으로, 인간의 혼란과 추구의 "상징"으로 대두되고 있는 것이 바로 이 **상징**이라는 용어다. 오늘날 우리가 "새로운 상징들"에 대한 필요를 운운하는 소리를 그렇게 자주 듣게 되는 것, 전혀 공통점이 없었던 진영들 모두에서 상징과 상징성이 연구와 호기심의 대상이 되고 있는 것은 이런 모든 현상들 배후에 "소통"의 완전한 와해와 단절이라는, 인간 실존과 지식의 깨어지고 원자화된 측면들을 다시금 하나로 모으고 결합시켜 주는 힘을 가진 "결합 원리"의 비극적 결여라는 근본 경험이 자리 잡고 있기 때문이다. 현대인들은 **상징**이라는 이름으로 불리는 결합 원리의 부재를 깊이 느끼고 있으며, 그것을 향한 추구가 현대의 사고를 지배하고 있다. 상징이라는 용어에 함축된 의미들은 인식적이면서 동시에 참여적인데, 이는 상징의 기능이 실존과 지식을 서로 재결합시킴으로써 그 둘을 재연합시키는 것이기 때문이다. 우리는 이러한 상징이 무엇인지는 모르나, 우리가 그것에서 **얻기를 희망하는** 바는 상징에 대해, 교부 이후 시대 신학자들이 아니라, 교부들이 가졌던 사상과 경험에 훨씬 가깝고, 그렇기에 우리는 상징을 다리라고 부르는 것이다.[17]

진정한 상징, 예수 그리스도

그러나 그리스도인이라면 마땅히 **알아야** 한다. 그리스도인은 그리스도가 세상의 **빛**이요 **생명**이시라고, 즉 모든 지식의 완성이자 모든 실존의 구속자라고 고백하지 않는가! 앞서 묘사된 견지에서 볼 때, 또 "상징"에 대한 세상의 추구의 견지에서 볼 때, 그리스도는 실로 모든 상징들의 상징(the Symbol of all symbols)이라고 할 수 있지 않겠는가? 그리스도 자신도, 자신을 보는 자는 성부를 보는 것이라고, 자신 안에 있는 이는 성령과 교통하는 것이라고, 자신을 믿는 자는 이미—지금 여기서—영원한 생명을 가지고 있는 것이라고 말씀하지 않으셨던가? 그러나 그렇다면 왜 아직 기독교 신앙은 상징을 추구하는 이 세상에서 그 추구의 완성으로 받아들여지지 않고, 도리어 "아무 적합성 없는"(irrelevant) 것으로 여겨지고 있는 것일까? 지금까지 행해진 분석이 정말로 중요성을 가지게 되는 곳이 바로 여기, 즉 기독교가 실제 처한 이 "핵심적" 문제 상황이다. 이는, 기독교가 자신의 상징적 기능—"결합 원리"가 되기—을 성취하는 일에 실패한 것은 무엇보다 그리스도인들 자신이 먼저 "상징"을 깨뜨렸기 때문임을 보여주기 때문이다. 이러한 와해로 인해 결국 현재 기독교는, 적어도 세상의 눈에는, 한편으로는 단순한 지적 교리—전적으로 다른 지적 정황의 압력 아래서 "허물어지는"—정도로, 다른 한편으로는 단순한 종교 기관—자신의 제도성의 압력 아래서 "허물어지는"—정도로 보이는 지경에 이르고 말았다. 그리고 분명한 것은, 기독교의 교리와 제도에 "거룩"이라는 형용사를 붙인다고 해서 이러한 "신뢰성 결여"(credibility gap)가 극복되고, 기독교가 다시 상징성을 되찾을 수 있게 되는 것은 아니라는 사실이다. 중요한 것은, 거룩이 단순히 어떤 것의 신적 권위나 기원을 보증해 주는 형용사나 정의가 아니며, 또 그렇게 될 수도 없다는 것이다. 무언가가 이 말로써 정의된다면, 이는 안쪽에서 되어 나오는 일이지, 바깥에서 부여되는 일이 아니다. 이 말은 루돌프 오토(Rudolf Otto)가 말한 "*mysterium tremendum*", 즉 어떤 교리 안에서 그 지성성을 초월하는, 어떤 제도 안에서 그 제도성을 초월하는 내재된 힘을 가리킨다. 오늘날 기독교 교리와 제도 모두에서 결여되어 있는 것이 바로 이러한 "거룩"—에피파니의 힘—이다. 이는 인간의 죄와 제한성 때문이 아니라, 바로 의도적 선택으로 인한 일이다. 즉, 기독교 "교리"와 기독교 "제도"의 근본 구조로서의 **상징**이 거부되고 와해되었기 때문이다.

"새로운 상징들"을 갈구하는 현대의 조류에 참여하는 많은 "현대적" 그리스도인들과 신학자들이 있지만, 이런 상황은 조금도 개선되지 않는다. 그들은 그리스도가 이러저러한 것의 "상징"으로, 어떤 이데올로기의 "예증"으로, 어떤 태도의 "이미지"와 "인격화"로 여겨질 때 비로소 기독교가 세상에 대한 "적합성"을 회복할 수 있다고 생각한다. 그러나 이는 그들의 선임자들이 발명해 낸, 상징에 대한 외적·예증적 관념에 그들 역시 사로잡혀 있다는 사실을 말해 주는 것으로서, 그런 관념은 현대 이데올로기들과 태도들—가장 좋게 말해, 그리스도와 의심스런 관계를 맺고 있는—에 대한 그들의 항복을·사후(postfactum) 정당화해 주는 역할을 할 뿐이다. 그들은 그리스도가 세상의 어떤 것의 "상징"일 수 있으려면 먼저 세상 자체가 하나님의 "상징"으로, 그분의 거룩, 능력, 영광의 에피파니로서 알려져야 한다는 것을 깨닫지 못하고 있다. 다시 말해, "그리스도"나 "하나님"이 이 세상이나 이 세상의 지나가는 필요들의 "상징"이 되기 위해 그것들의 견지에서 설명되어야 하는 것이 아니라, 그 반대로, 하나님이, 오직 하나님만이 이 세상을 자신의 상징으로 만드셨고, 이 상징을 그리스도 안에서 완성시키셨으며, 그것을 자신의 영원한 나라에서 절정으로 이끄실 것이라는 사실을 깨닫지 못하는 것이다. 이러한 상징이 박탈될 때, 세상은 혼돈과 파멸, 우상과 오류가 되며, 결국 멸망을 선고 받아 사라질 수밖에 없다. 왜냐하면 이 세상의 "형체"는 본질적으로 "사라질" 것이기 때문이다(고전 7:31). 그리스도를 이 지나가는 세상의 상징으로 만드는 것이야말로 궁극적 어리석음이자 무지함이다. 왜냐하면 그분은 바로 그 정반대의 일—즉, 세상을 하나님의 "상징"으로, 하나님 나라의 "표지"이자 그곳으로의 입장으로 회복시킴으로써 세상을 구원하는 일—을 행하러 오신 분이기 때문이다. 그분은 세상의 자족성과 불투명성을 멸하심으로써 "이 세상" 안에 교회—"새 창조"의 상징이며 "장차 올 세상"의 성례인—를 계시함으로써 세상을 구원하셨다.

만일 그리스도인들이, 그들이 주장하고 또 마땅히 그래야 하듯, 세상을 섬기기 원한다면, 세상에 다시금 세상이 간절히 찾는 "상징"을 제공해 주기를 원한다면, 이 일은 먼저 그들 자신이 그 상징을 재발견할 때, 그 상징을 그것이—신적 의지와 제정에 따라—언제나 있어 왔던 그 자리, 즉 교회에서 재발견할 때 비로소 이뤄질 수 있다. 이때 교부들과 전통은 그들에게 도움이 될 수 있고, 그들로 하여금 눈을 뜨도록 "설명"해 줄 수 있다. 교부들이나 전통 그 자체가 그 재발견일 수는 없다. 따라서 마지막 남은 질문은 이것이다. 이 일은 어디서, 또 어떻게 이루어질 수 있는가?

결론

"서구에 의한 유수"로부터 회복된 정교회 신학이라면 마땅히 다음과 같이 답해야 한다. 그곳은 바로 교회의 중단되지 않은 예전 생활, 성례 전통—적어도 동방의 경우 외부 신학에 의해 중차대한 변화를 겪은 일이 아직까지 없었던—이다. 우리가 이미 지적한 것처럼, 교부 이후 시대에 이성주의가 범한 치명적 오류는 성례를 교회의 삶과 신앙의 전체적 표현으로서의 예전으로부터 격리시킨 것이었다. 이는 실은 성례가 상징으로부터, 즉 성례를 통해 완성되는 전 실재와의 연결과 소통으로부터 격리된 것을 의미한다. 폐쇄적이고 자족적인 "은혜의 수단", 상징들의 바다에서 한 방울의 실재가 됨으로써, 성례는 예전으로부터 예전의 고유한 기능—성례를 교회, 세상, 하나님 나라와 연결시키거나 또는 성례의 교회론적·우주적·종말론적 내용과 차원과 연결시켜 주는 것—을 앗아 갔다. 예전은 다만 "신심"에 맡겨졌고, 그 신심은 예전을 수천 가지의 설명들과 해석들로 치장했는데, 그런 설명들과 해석들은 다만, "예증적"(illustrative)이라는 통상적 의미에서 "상징적"일 뿐이다. "고고학적" 견지—즉, "오래되고 화려한" 제의들의 모음으로서—보든, 아니면 "회화적" 견지에서—즉, 기도에 대한 일종의 시청각 도움 자료로서— 보든, 예전은 신학, 선교 등 교회의 삶 전체에 대해 전혀 **적합성 없는** 것이 되고 말았다. 여전히 예전을 지키는 신실한—"예전 중심적 마인드를 가진"—그리스도인들이 있고, 또 그런 이들은 언제나 있을 것이지만, 전체 교회에게, 교회 안의 "영지주의자"들과 "행동가"들에게 예전은 이제 무의미한 것이 되었다.

예전과 성례 사이의 본래적·유기적 일치를 회복시키는 것, 예전과 성례가 서로를 통해 하나의 역동적 실재—**상징**으로서의 예전이 늘 **성례**에서 완성되는—가 되는 것이야말로 우리를 현재의 교착 상황에서 벗어나게 해주는 관점을 회복하기 위한 조건이다. 그리고 성례의 예전적 본질, 예전의 성례적 본질, 또한 그를 통한 교회의 성례적 본질이 바로 그 역동적 종합의 살아 있는 원천이며, 교부들은 그 영원한 증인들이다. 그러나 이런 종합은 단순히 과거에만, 책에만 있는 것이 아니다. 보는 눈과 들을 귀만 있다면, 그것은 지금 여기에 우리와 함께 있다. 수세기에 걸쳐 축적된 잘못된 문제들을 제쳐 둠으로써 우리가 교회의 실재에 도달해, 교회의 "믿음의 원칙"(*lex credendi*)의 원천으로서의 "예배(기도)의 원칙"(*lex orandi*)를 다시금 이해할 수 있게 된다면 말이다.

본 에세이의 주제에 내포된 진짜 과업이 시작되어야 하는 곳은 바로 이 지점이다. 이 과업은, '레이투르기아'에 대한 세밀한 연구에 기초해 교회의 예전 전통과 경험을 **보여주는** 것, 즉 교회의 본질 자체이며, 교회가 **성례**를 통해 완성함으로써 자신의 교회됨을 완성하는 그 **상징**의 참 내용을 보여주는 것이기 때문이다. 이를 보여주고 증명하는 일은 분명 본 에세이의 범위에서는 불가능한 일이다. 이 글은 다만 지극히 일반적인 개론, 가능한 관점에 대한 예비적 암시를 줄 수 있을 뿐이다. 결론적으로 말할 수 있는 것은, 그런 과업이 행해진다면 그것은, '레이투르기아'의 적절한 기능은 언제나 한 상징 내에서 기독교 신앙과 삶의 세 가지 수준들—즉, 교회, 세상, 하나님 나라—을 하나로 **결합시키는** 것이었다는 사실을 보여줄 것이라는 사실이다. 또한 그것은 교회 자신은 "이 세상"의 깨어진, 그러나 여전히 "상징적인" 삶이 그리스도 안에서, 그리스도에 의해, 하나님 나라의 차원 속으로 인도되며, 그 자체가 "장차 올 세상"의 성례가 되게 하는 성례라는 것을 보여줄 것이다. "장차 올 세상"이란 하나님이 하나님을 사랑하는 이들을 위해 영원 가운데 예비해 놓으신 것이자, 인간적인 모든 것이 은혜에 의해 변화되어 모든 것이 하나님 안에서 절정을 맞는 곳이다. 또한 그것은, 결국 교회가 교회되는 곳, 즉 그리스도의 몸이자 성령의 전이 되며 만유를 "하나로 결합시키는"—하나님이 자기 아들을 주심으로써 생명을 주신 세상을 하나님에게로 가져옴으로써—유일무이한 **상징**이 되는 곳은 여기, 오직 여기—하나님의 현존과 행위의 "신비" 안—라는 것을 보여줄 것이다.

주

부록 1_ 세속시대의 예배

1. 1971년 7월, Hellenic College(Brookline, Mass)에서 열린 the Eight General Assembly of SYNDESMOS에서 발표된 글. *St. Vladimir's Theological Quarterly*, Vol. 16, No. 1 (1972)에 처음 수록 출간됨.
2. "옛 교회력"(old calendar) 지지자들의 고전적 주장에 이것이 가장 잘 나타난다. 그들은 12월 25일에는 크리스마스트리, 가족 재회, 선물 교환 등 "세속화된" 서구 성탄절에 완전히 참여하고, 그 다음 1월 7일에 "진짜"—종교적인—성탄절을 가지면 된다고 주장한다. 그러나 이들이 깨닫지 못하는 바는, 초대교회는 결코 성탄절을 제도화하지 않았다는 사실이다. 이는 초대교회가 세상과 자신의 관계를 어떻게 이해했는지를 보여준다. 초대교회에 있어서 성탄절의 목적은 바로 당시의 이교적 축제에서 "귀신을 축출"하고, 그 축제를 변모시키고, 기독교화하는 것이었다.
3. 여기에 대한 보다 자세한 논의를 위해서는 부록 2 '성례와 상징'을 보라.
4. 나의 책 *Introduction to Liturgical Theology*(London: Faith Press, 1966)를 보라.

부록 2_ 성례와 상징

1. 본 에세이는 *Evangelium and Sacrament*(Strasburg: Oecumenica, 1970)에 처음 실림.
2. 가령, F. Gavin, *Some Aspect of Contemporary Greek Thought*(London: SPCK, 1923), pp. 269-354, 혹은 Bishop Sylvester, *Opyit Pravoslavnogo Dogmaticheskogo*

Bogoslovia(Orthodox Dogmatical Theology), Vol. IV, pp. 350-577, Vol. V, pp. 165 (Kiev: 1897)을 보라.

3. 이 운동의 역사에 대해서, G. Florovsky, *Puti Russkogo Bogoslovija*(Paris: 1937)를 보라.

4. Gavin, *ibid.*, pp. 370-378; Bishop Sylvester, *ibid.*, pp. 353-388을 보라.

5. "오랫동안 지배적 개념이었던 성례-신비(sacrament-mysterion) 개념은 결국은 사라졌다.······이 개념이 성례 개념에 대한 정밀한 분석을 처음부터(a priori) 불가능하게 만들었다는 사실은 분명하다.······사실, 이 개념이 중심을 차지하고 있는 한 성례신학은 발전하기가 불가능하다." A. M. Roguet, O. P., in St. Thomas d'Aquin, *Somme Theologique*, Les Sacraments(3a, Questions 60-65), (Paris: Desclee, 1945), p. 258

6. W. Weidle, "Znak I Symbol"(Sign and Symbol), in *Bogoslovskaya Misl* (Theological Thought). Essays published by the Orthodox Theological Institute in Paris(Paris: 1942), p. 25-40, 그리고 E. Cassirer, *Philosophie der symbolischen Formen*, I-III(1923-1929)을 보라.

7. B. Neunheuser, *Historie des Dogmes: L' Eucharistie*, II. Au Moyen Age et a l'epoque moderne(Paris: Les Editions du Cerf, 1966), p. 42.

8. H. de Lubac, *Corpus Mysticum: L' Eucharistie et l Eglise au Moyen Age*(Paris: Aubier, 1944), p. 258.

9. R. Bornert, O. S. B., *Les Commentarires Byzantins de la Liturgie Byzantine du VII au XV siecles*, Archives de l'Orient Chretien, 9(Paris: Institut Francais d'Etudes Byzantines), pp. 117f., 그리고 H. de Lubac, *Liturgie Cosmique*(Paris: Aubier, 1947), pp. 242f를 보라.

10. 가령, 유대교에서의 유월절 식사(paschal meal)에 대해 F. L. Leenhardt는 이렇게 말했다. "……이는 구원의 성례 같은 것이다. 이는 하나님이 하신 일, 그분이 이루실 일, 즉 역사적 구원과 종말론적 구원을 일깨운다. 'zikkaron'이라는 개념이……이미 성례 개념에 대한 기초가 되고 있다." *Le Sacrement de la Sainte Cene*(Neuchised Delachaux et Nestle, 1948), p. 21, 그리고 L. Bouyer, *Rite and Man: Natural Sacredness and Christian Liturgy*(Norte Dame: University Press, 1967), pp. 63f 를 보라.
11. *Summa Theologica*, Quest. 60, Art. 2, 1.
12. Weidle, *ibid.*를 보라.
13. H. de Lubac, *Corpus Mysticum*, Ch. 10 "Du Symbole a la Dialectique," pp. 255ff 를 보라.
14. Neuheuser, *ibid.*, pp. 46-55.
15. E. Hugon, *La causalite instrumentale en theologie*, 2nd ed.(Paris: 1907).
16. Dom Vonier, *La Clef de la Doctrine Eucharistique*, trans. P. Roguet(Paris: Les Editions du Cerf[no date]).
17. 심화된 논의를 위해서는 다음 책들을 보라. R. C. Zachner, *Matter and Spirit*(New York: Harper and Row, 1963); M. Eliade, *Mephistopheles and the Androgyne: Studies in Religious Myth and Symbol*(New York, Sheed and Ward, 1965)(「메피스토텔레스와 양성인」문학동네); T. J. J. Altizer, *Mircea Eliade and the Dialectics of the Sacred*(Philadelphia, The Westminster Press, 1963); K. Jaspers, *Truth and Symbol*(New York, Twayne Publ., 1959).

옮긴이의 글

　지식과 정보를 주는 책은 많지만, 우리에게 정말 새로운 '세계'를 열어주는 책은 흔치 않습니다. 그런 책은 우리로 하여금 세상을 달리 보게끔 해줍니다. 우리는 '눈뜨게' 됩니다. 전에 보지 못했던 것들을 보게 되고, 전에 느끼지 못했던 것들을 느끼게 되고, 그래서 성경의 시인처럼 우리는 '새로운' 노래를 부를 수 있게 됩니다.
　20세기의 탁월한 예배신학자였던 알렉산더 슈메만의 이 책은 많은 이들에게 예배를 통해 열리는 새로운 세상에 눈뜨게 해준, 그의 대표적 저서입니다. 이 책은 우리로 하여금 기독교 예배를 전혀 새로운 눈으로 볼 수 있게 해주고, 예배를 통해 세상을 전혀 새로운 눈으로 볼 수 있게 도와줍니다.
　초기 기독교회의 예배 원형을 가장 잘 보존하고 있는 예배는 다름 아닌 정교회 예배라는 것이 현대 예배학자들의 일반적 평가입니다. 이 책은 바로 그런 정교회 예배 경험 속에 드러나는 기독교 고유의 세계관과 영성을, 탁월한 통찰과 열정어린 필치로 풀어 주는 현대 예배학의 고전이자 뛰어난 영성 저술입니다.

정교회(Orthodox Church)에 대한 간단한 소개가 필요할 것 같습니다. 정교회는 기독교 3대 교파의 하나이며, 현재 전 세계 200여 국가에 약 3억 명의 신자들이 있습니다. 본래 하나였던 기독교회는, 1054년에 일어난 동서방 교회의 분열로 인해, 예루살렘, 안티오키아, 알렉산드리아, 콘스탄티노플의 4개 지역을 관할하는 정교회와 로마를 배경으로 한 로마 가톨릭 교회로 분열되었고, 이후 1517년에는 루터 등에 의해 시작된 종교개혁으로 인하여 서방교회가 로마 가톨릭과 개신교회로 분열되어 오늘에 이르고 있습니다. 한국에는 1905년 러시아 정교회의 선교활동을 통해 정교회가 들어와 있습니다.

현재 서구의 많은 신학자들과 신앙인들은 서구신학의 한계를 극복하기 위한 상상력과 영감의 원천을 정교회의 신학과 영성 전통에서 찾고 있습니다. 서구식 논리와 신학체계에 익숙한 사람들에게는 정교회의 신앙세계가 처음에는 분명 '낯설게' 와 닿을 수 있겠지만, 낯선 이웃 안에 살아 계시는 예수 그리스도와의 만남은 그 낯섦을 곧 '경이'로 바꾸어 놓습니다. 많은 이들이 이 책에서 잊혀졌던 동방교회의 신앙유산을 재발견하면서, 세계와 인간과 기독교 신앙을 이해하는 새로운 눈을 뜨게 되었습니다.

슈메만 교수가 서문에서 밝히고 있듯, 이 책은 단순히 정교회 예배

의식에 대한 책이 아니라 기독교 세계관(*Weltanschauung*)에 대한 책입니다. 어떻게 예배가 새로운 세상을 보는 눈이자, 새로운 세상을 여는 힘이자, 새로운 세상을 노래하는 시일 수 있는지, 자신이 "보고 듣고 만져 본" 바를 증언하는 이 책은 분명 많은 독자들의 세계관에 커다란 지진을 일으키는 책이 될 것입니다.

2008년 사순절

이종태